Op de bonnefooi door Frankrijk

Esther Verhoef op social media:

@auteurestherverhoef

@estherverhoefinsta

@estherverhoef

ESTHER
Verhoef

Op de bonnefooi door Frankrijk

& een spannend Frankrijk-verhaal

ambo|anthos
Amsterdam

MIX
Papier van
verantwoorde herkomst
FSC® C004472

ISBN 978 90 263 6198 2

Omslag en binnenwerkontwerp Margo Togni
Illustraties omslag en binnenwerk Lotte Dijkstra
Foto auteur Berry Verhoef

Verspreiding voor België:
Veen Bosch & Keuning uitgevers nv, Antwerpen

Bonnefooi

Frans leenwoord.
Het gebruik werd in de betekenis 'op goed geluk' voor het eerst gevonden in 1863.
Afkomstig van het Franse **bonne foi**, wat 'goed vertrouwen' betekent, mogelijk ook beïnvloed door **bonne voie**: goede weg.

Op de bonnefooi

Op goed geluk, in goed vertrouwen, zonder gebruikelijke voorbereiding.
Frans: *à la* **bonne foi**.

Wat eraan voorafging…

In 2019 deed ik mee aan het NTR-programma *Verborgen Verleden*, waarin bekende Nederlanders met hulp van genealogen op zoek gaan naar hun familiegeschiedenis. Ik hoopte dat we een schrijver in de familielijn zouden tegenkomen, zodat ik eindelijk zou weten 'van wie ik het heb'. Ik heb het namelijk niet van mijn ouders of grootouders, en ook niet van mijn overgrootouders, die ik bijna allemaal nog heb gekend. 'Het' is de drang om te schrijven, elke dag, al vanaf het moment dat ik schrijven kon, en misschien al wel eerder. Mijn moeder vertelde me dat ik op vierjarige leeftijd briefjes volkrabbelde en ze onder haar neus schoof met de vraag: 'Mam, wat staat daar?'

Een schrijver werd er niet gevonden door de genealogen van dienst. Er werd zelfs niemand gevonden met een creatief beroep. Wel mensen die op een creatieve manier in hun levensonderhoud moesten voorzien. Rondtrekkend volk dat paraplu's verkocht of langs de deuren ging met textiel. Er dook een straatarme violiste op en een dissidente soldaat die heeft gevochten voor Napoleon, en er kwam veel informatie uit gevangenisregisters. Eén voormoeder bracht haar zoon in het open veld achter een boerenschuur ter wereld, vele kilometers verwijderd van haar woonplaats.

Maar het was niet alleen maar kommer en kwel: in de lijn werd ook een (invloed)rijke kamerling van Franse komaf gevonden. Helaas raakte hij zijn hectares land, bezittingen en privileges kwijt tijdens de Reformatie.

Nakomelingen van deze waaier aan kleurrijke, door het leven ploeterende types, veelal van Frans of Belgisch bloed, wisten via omzwervingen Noord-Brabant te bereiken, en de generaties erna bleven in en rond de Brabantse hoofdstad wonen.

Van wie ik de drang tot schrijven heb zal een mysterie blijven, maar ik leerde wel iets anders: een vaste woon- of verblijfplaats was voor een flink deel van mijn voorouders geen gegeven. Zij trokken, niet uit weelde, van dorp naar dorp en van karwei naar karwei, en ik heb begrepen dat dat niet ongevaarlijk is geweest. Bovendien werden zij zelden met open armen ontvangen in de plaatsen die onderweg werden aangedaan. Vreemdelingen moet je wantrouwen, dat is nu eenmaal een universeel gegeven.

Wat dit te maken heeft met zwerven door Frankrijk? Ik heb door research voor een eerder project (*Labyrint – De verhalen*) geleerd dat je voorouders je via hun genen niet alleen eigenschappen meegeven als oogkleur of de aanleg om, bijvoorbeeld, goed te kunnen leren. Tot op zekere hoogte kunnen zij ook informatie doorgeven die tijdens het leven is opgedaan – informatie die het nageslacht in soortgelijke omstandigheden zal kunnen helpen om te overleven (mocht je dit interessant vinden, googel dan eens op 'epigenetica').

Zoals het schrijven bij mij heel natuurlijk kwam en komt, zo vanzelfsprekend was er ook altijd een aversie tegen kamperen. Vakantie vieren in een tent was nooit iets voor mij, zelfs in een caravan of camper kreeg je me niet. Waarom zou je daarin willen slapen als je een echt huis tot je beschikking hebt, met stenen muren, een douche en een vaatwasser? Of in een hotel kunt overnachten waar alles voor je uit, en achter je aan, wordt gewassen en gepoetst? Het is bovendien gewoon eng, kamperen. Gevaarlijk. Zo'n caravandeurtje stelt niets voor en een tentdoek snijd je zó open.

Ik weet niet of het komt door het schrijven van thrillers dat ik overal gevaar zie of dat ik juist thrillers ben gaan schrijven omdat ik nu eenmaal overal gevaar zie. Maar ik ben geneigd te geloven dat mijn voorouders me op celniveau toeroepen: *er gaat niets boven een huis van steen!*

Die antikampeerhouding was nooit een punt, want mijn ouders waren geen kampeerders; zij spaarden door voor hotelvakanties. Pas toen ik Berry leerde kennen werd het lastig. Hij was het gewend om elke zomer met de hele familie in een volgepakte Ford Taunus naar het zuiden af te reizen. Berry koesterde de mooiste jeugdherinneringen aan zijn campingavonturen en die vreugde wilde hij met mij delen. En ik, nog geen twintig, stapte over mijn scepsis heen en ging met hem mee naar het Gardameer. Een muggeninvasie, hagelstenen zo groot als golfballen, een tent met een totaalruptuur en (dus) drijfnatte slaapzakken kortten dat avontuur in tot drieënhalve overnachting.

En daar is het drieëndertig jaar lang bij gebleven.

Ergens halverwege die periode emigreerden we met onze kinderen van toen drie, vijf en acht naar de Franse Dordogne, waar we een ruïne van een eeuwenoude wijnboerderij hebben opgeknapt en vier jaar met enorm veel plezier hebben gewoond. De zomers brachten we ook daarna nog door in onze Franse boerderij, en nog steeds zijn we er zo vaak als het kan.

Op een gegeven moment waren Berry en ik absoluut meester in het zo efficiënt mogelijk van Brabant naar de Dordogne rijden, en vice versa. Het werd een sport. We wisten op welke plekken, op welke dagen en tijdens welke uren het druk was op die meer dan duizend kilometer lange route, en ook waar we de schoonste wc's en de beste koffie konden vinden.

Reizen met jonge kinderen is sowieso een hele onderneming. Als je dat niet goed managet sta je om het uur ergens in een snelwegberm vlak naast het voorbijrazende verkeer een koter te ondersteunen die de plas niet kan ophouden. Ook daarvan leerden we. De kinderen kregen niet eerder dan een halfuurtje vóór de-stop-met-de-schone-toiletten hun drinkflessen aangereikt. En zo ging dat, met lichte aanpassingen, bijna twintig jaar lang. Met en zonder pony's, vriendjes, hamsters, fietsen, opa's en oma's (tantes, neefjes, nichtjes), honden, scooters en kippen. We konden het dromen: de péage, de tolpoortjes, de sluiproutes langs de périphérique, de exacte locaties van de flitspalen bij Limoges (al bleven die lang een mysterie). En we waren pas tevreden als we de reis in minder dan tien uur hadden weten af te leggen. Tussen de Dordogne en Brabant lag Parijs ♥ en voor de rest tolwegen. Hop, hop, en weer door!

Zoveel jaar later vlogen de kinderen een voor een uit, en restte ons het empty nest en hondjes Mel en Saar. Dus reden Berry en ik dat uitgesleten traject nu met de honden. Nog steeds in dezelfde auto, trouwens (shout-out voor Volvo!).

Vorig jaar zomer begon de motor voor het eerst kuren te vertonen. De monteur in ons Franse dorpje hielp ons uit de brand, maar we waren nog geen twee uurtjes onderweg naar Nederland toen de auto terugviel in een soort veiligheidsstand. Hij vertikte het om harder te rijden dan tachtig, gevaarlijk langzaam op een weg waar je honderddertig mag. We overlegden: een garage zoeken, de ANWB bellen? Het was zondag, dus het werd hoe dan ook een overnachting. Ik zocht informatie bij elkaar op internet en aan de hand daarvan besloten we de snelweg achter ons te laten en binnendoor verder te rijden.

En daar vielen we van de ene verbazing in de andere. In een van de plaatsjes waar we doorheen reden stond een kerk met een toren van bladgoud, verderop waren vele kilometers lang alleen maar uitgestrekte graanvelden en in de spreekwoordelijke middle of nowhere stuitten we ineens op een enorme fabriek (herstel: 'atelier') die van het luxe modehuis Louis Vuitton bleek te zijn. We stopten bij een karrenspoor om de honden uit te laten, maakten een praatje met een boer, moedigden een peloton wielrenners aan en plukten handenvol wilde bramen aan de rand van een veld. Dat was nog eens wat anders dan een plastic bakje fruit uit de koeling van een tankstation.

Het allermooiste, het leven zelf,
daar zoefden we ziende blind aan voorbij.

Naïef misschien, maar die zo-gauw-mogelijk-van-A-naar-B-mentaliteit was er behoorlijk ingesleten. We raakten er niet over uitgepraat: de natuur, de schattige dorpjes, de mensen, álles was leuk. Er leek geen einde te komen aan de explosie van bezienswaardigheden: watermolens, Romeinse opgravingen, bospercelen met scharrelvarkens, wijnproeverijen... Tel daar het getjirp van de krekels, de zinderende hitte en de geur van hooi en warme aarde bij op en we waanden ons God in Frankrijk.

En daar waren we dan al die jaren langs gejakkerd, het kroost op de achterbank. We voelden ons bijna schuldig. Al die leuke ervaringen die we de kinderen met onze efficiëntie hebben ontnomen. Ze hebben naar sprookjes en muziek geluisterd, spelletjes gespeeld en vierkante oogjes gekregen van de dvd's, maar het allermooiste, het leven zelf, daar zoefden we ziende blind aan voorbij.

'We moeten dit vaker doen,' zei ik enthousiast tegen Berry. 'Een beetje rondzwerven door Frankrijk. Op de bonnefooi. Gewoon met de auto en de hondjes, zoals nu, en dan 's nachts slapen in een chambre d'hôte of zo.'

Rondtrekken in een camperbus was
voor andersoortige mensen.
Niet voor mij.

Berry, die nooit echt kan stilzitten, was toen al een poos met onze oudste dochter bezig een oude werkbus tot camper om te bouwen. Daarvoor gebruikten ze materialen die Berry in de loop van de jaren in zijn rommelschuur had verzameld. Een binnendeur, vloerplanken, een spoelbakje, mdf-platen, schakelaars, een keukentafel. Er werden ook dingen gekocht: zonnepanelen voor op het dak, feestelijke ledstrips voor boven het vaste bed, een wc'tje, een buitendouche en nog meer moois. Dit 'moois' bedoel ik ironisch, want dit was een vader-dochterding waar ik me graag verre van hield. Op mijn hoofd zat nog geen halve haar die erover peinsde om in die bus te kruipen. Rondtrekken in een camperbus was voor andersoortige mensen.

Niet voor mij.

Totdat de Volvo, moe van het jakkeren, ons eenvoudigweg dwong om op een heel andere manier te reizen. En om daarmee op een andere manier te kijken en te ervaren.

Eenmaal thuis begon Berry op me in te praten. 'In de meeste chambre d'hôtes zijn honden niet welkom. Of alleen één hond, geen twee.' 'We hebben ons eigen toilet in de camper, en als we onderweg een fijne plek tegenkomen kunnen we daar blijven, want met die zonnepanelen zijn we zelfvoorzienend...' 'We kunnen het toch een paar dagen proberen? Als je het niks vindt, zijn we zo weer thuis.'

Het idee schoot wortel, begon in me te leven, en de voorouderlijke stemmen verstomden, de een na de ander. En op een dag stapten Berry en ik met de honden in de camperbus, het avontuur tegemoet.

Vanzelfsprekend ging de laptop mee.

Celles

Celles, deelgemeente van de gemeente Houyet, een plaatsje in de Belgische Ardennen. Daar vlakbij ligt onze eerste stopplek. 'Mooi uitzicht op het dorpje in het dal. Vlakke ondergrond, schaduw, rustig. Vijf sterren.' We lezen het in de camperapp die Berry en ik vanochtend op onze telefoon hebben geïnstalleerd. Die app wordt gebruikt door mensen die met een camper op de bonnefooi door Europa trekken. Mensen bij wie wij sinds vandaag horen.

Reikhalzend dwalen we door de heuvels, over stenen bruggetjes en langs dichte bossen. Ik voel me opgetogen en onrustig tegelijkertijd. We lunchen zo meteen hier in de Ardennen, maar waar we vanavond zullen overnachten weet ik niet. We zullen in elk geval in de hoogslaper liggen die achterin de hele breedte van de bus in beslag neemt, en waar je – toegegeven, niet heel handig – via het aanrechtje in moet klimmen.

Op de vijfsterrenstopplek aangekomen zie ik geen bordjes en is er geen hefboom. Het is gewoon een grasstrook

Camperapp

Er bestaan verschillende camperapps die handig zijn (misschien zelfs onmisbaar) als je zonder plan door Europa trekt.

In de apps vind je plaatsen waar je kunt overnachten, pauzeren of parkeren, hoe het er daar uitziet en welke voorzieningen er zijn. Ook staan vaak de serviceplaatsen aangegeven, waar je terecht kunt om te wassen, water te tanken of je vuile water veilig te lozen.

Diverse apps kennen een actieve community die steeds nieuwe ontdekkingen en ervaringen toevoegt, zodat de informatie up-to-date is.

Googel simpelweg op 'camperapp' en je komt ze allemaal tegen.

aan een landweggetje. Een rij majestueuze lindes verraadt dat hier ooit een voornaam gebouw heeft gestaan.

We parkeren in het gras onder de bomen. Na het gebulder van de motor en het constante gekraak van het dashboard overvalt de stilte ons. Berry opent de achterportieren en haalt strandstoelen en een klaptafeltje uit de 'garage' – een ruimte onder ons bed. Ik schuif de zijdeur open en pak toast en smeersels uit het koelkastje. En wijn, want het is per slot van rekening vakantie.

De bovenkastjes kunnen pas open als ik de handgrepen verlos van de strakgespannen snelbinders. Tijdens een proefrit bleken bij elke hobbel de deurtjes open te klappen en de laden met veel herrie open en dicht te schuiven. De snelbinders verhelpen dat prima. Dit is nou eenmaal geen luxe kant-en-klare camper, maar een spartaans ogend werkpaard, met de belettering van het bouwbedrijf waarvan hij ooit was nog zichtbaar in de lak.

Bij elke hobbel klappen de kastdeurtjes open
en schuiven de laden open en dicht.

De honden springen eruit, dolblij met vaste grond onder de poten. Berry laat ze plassen, en dan zoeken we de schaduw van de lindes op. We smeren een toastje, we drinken een glas. Zwijgend kijken we naar de leistenen daken en de loodgrijze kerktoren van het dorpje in de vallei. Erboven is de lucht strakblauw. Dichterbij scheren vogeltjes kwetterend over het veld. We horen bijen zoemen en het ruisen van de boomkruinen, en in de verte ratelt een landbouwmachine. Verder is het stil. We zien niemand. Er rijdt niemand voorbij. 'Ik voel me helemaal rustig worden,' hoor ik Berry naast me zeggen.

Later, we zijn dan alweer honderd kilometer verderop, lees ik op internet: 'Celles is een van de mooiste dorpjes van Wallonië. Een juweel, verscholen in de heuvels. Ontdek zijn kasteel, zijn Romaanse kerk, fontein en kwaliteitsrestaurants!'

Dat hebben we dus allemaal gemist, schiet het door me heen. Maar gek genoeg voelt het niet alsof we iets gemist hebben.

Waslijnen

Onze eerste overnachtingsplek ligt net boven de Champagnestreek bij een middeleeuws stadje. In de app wordt die door andere reizigers jubelend omschreven: 'Prachtige ligging aan een riviertje, restaurantjes op loopafstand en met zicht op oude stenen brug en stadsmuur.' Iedereen geeft deze plek vijf sterren. Er is een wc-unit, een kraan met drinkwater – belangrijk in het buitenland – en het verblijf is er ook nog eens gratis. Dat laatste lijkt me een aanbeveling.

Niet dat ik per se goedkoop uit wil zijn. Wat ik vooral wil is de bus kunnen neerzetten op een plaats die ons aanstaat en húp, meteen genieten. En dus niet eerst moeten inchecken om vervolgens over de halve camping te worden geleid naar de enige vrije plek, waar misschien wel niets aan vinden. Vrijheid, blijheid, dat zoeken we.

Hier en daar zie ik ondergoed en geruite overhemden vrolijk aan een waslijn wapperen.

Het is al bijna halfacht als we het terrein oprijden. Ik tel zeker twaalf campers, dicht op elkaar, in rijen opgesteld. Van die keurige witte, perfect uitgedachte kampeerwagens uit de fabriek. Geen knoestige omgebouwde bedrijfsbussen zoals die van ons. Hier en daar zie ik ondergoed en geruite overhemden vrolijk aan een waslijn wapperen. Onder de luifels zitten vakantiegangers aan witte plastic tafeltjes naar ons, de nieuwkomers, te koekeloeren. Sommige kampeergasten zwaaien ons toe, andere bekijken ons met argusogen, je ziet ze denken – *wat is dat voor schorriemorrie?* Of stel ik me dat alleen maar voor? Want wat je denkt dat andere mensen denken over jou, denk je over jezelf.

Het is me meteen duidelijk: hier gaan we niet vinden wat we zoeken. 'Rijden, Ber, rijden!'

'Ja, ja,' reageert hij, en hij stuurt onze bus naar een vrije plaats aan het water, tussen twee campers in.

'Nee, dóórrijden.' Ik stoot hem aan. 'Weg hier.'

'Wat?'

'Weg!'

Half over gras, half over gravel hobbelend verlaten we het terrein, terwijl we door iedereen worden nagestaard.

'Wat was dat nou?' vraagt Berry.

'Te eh… gereguleerd,' zeg ik.

'Het is al hartstikke laat. We moeten nog eten. De honden moeten eruit.'

'Ik weet het.' Ik buig me over de app. Uiteindelijk klik ik op een dennenboom-icoontje en lees: 'Wij stonden hier als enigen. Prachtig uitzicht over de wijngaarden en zonsondergang. Dikke vijf sterren.' Het is een plek in de natuur en dat betekent geen voorzieningen, geen toezicht, misschien niet eens toestemming.

De thrillerschrijver in mij bedenkt meteen tien scenario's waarbij twee onervaren vijftigplussers in een camper er niet levend van afkomen. Ik besef: het is dát, of de waslijnen. En zochten we niet de rust en een heel andere manier van reizen?

'Misschien is dit iets,' zeg ik, en ik zet de navigatie aan het werk.

Wat je denkt
dat andere mensen
denken over jou,
denk je over jezelf.

Champagnestreek

'Ik wil hier nog niet dood gevonden worden,' zeg ik tegen Berry. En ik denk bij mezelf: sterker nog, de kans dát we hier morgenvroeg dood gevonden zullen worden, is best groot.

Berry zucht de zucht der zuchten. *Happy wife, happy life* drukt die uit. Maar ook ergernis. Want om op deze warm aanbevolen vijfsterrenvrijenatuurkampeerplek te komen heeft hij zojuist halsbrekende toeren moeten uithalen.

We volgden een met keien bezaaid, oneffen zandpad tussen de groene wijngaarden door. Sommige stukken waren wel heel steil, de wielen verloren af en toe grip. We vroegen ons af of het wel klopte, of de navigatie ons wel goed stuurde, en ik was bang dat het ons niet meer zou lukken om ooit nog heelhuids op de openbare weg terug te komen.

En nu we er eindelijk zijn aanbeland, blijkt er niets over van het 'prachtig uitzicht over de wijngaarden en zonsondergang'. We staan aan het einde van een doodlopend pad, half ingesloten door een inktzwart bos, met aan onze rechterhand een huizenhoge hoop puin waarachter de zon nu vast heel spectaculair aan het ondergaan is.

Dit is geen geschikte overnachtingsplek. Wel een fantastische plaats delict voor een van mijn thrillers.

'Dit wordt 'm niet,' zeg ik.

'Hoezo niet?'

'Ik ga hier geen oog dichtdoen.'

Morrend keert Berry de bus, wat makkelijker is gezegd dan gedaan met dit lange gevaarte, en we hobbelen en botsen het kronkelige pad weer af. Misschien hadden we toch eerder moeten stoppen: we zijn moe en hongerig en de honden zijn onrustig.

De app stuurt me naar een andere wildkampeerplaats, even verderop. Ook vijf sterren, maar ja, wat zegt dat?

Een vergelijkbare kamikazetocht heuvelopwaarts volgt, en op de eindbestemming voel ik opnieuw een onaangename kriebel. Toegegeven, er is hier wél een prachtig uitzicht over de wijngaarden. Alleen... de bus schurkt nu tegen een ander diep, donker bos aan. De takken vegen langs de lak, als skeletarmpjes die ons de duisternis in willen trekken.

Ik stel me voor hoe dat is, hier de nacht doorbrengen, en ik zeg: 'Nee, ik kan hier niet slapen.'

'Nou, zoek maar een hotel dan, einde camperavontuur,' snauwt mijn *hangry* echtgenoot.

'Waarom?'

'Je bent te bang, het gaat niks worden zo.'

'Maar kijk dan!' roep ik tegen dovemansoren. Berry is de kleinzoon van een houtvester; hij ziet grondstoffen voor papier en meubels waar ik verstopplekken zie voor seriemoordenaars en talloze mogelijkheden om ongestoord lijken weg te werken.

'Als ik dit zou beschrijven in een thriller, zouden de lezers het ongeloofwaardig vinden,' zeg ik. 'Niemand gaat hier slapen. Het is hier *creepy as hell*.'

'Weet je iets beters dan? Het is al bijna donker.'

'Rij maar terug, ik vind wel iets,' zeg ik.

Onderweg naar beneden spot ik een rommelig parkeerhaventje, omringd door vriendelijk ogende wijngaarden.

Een kwartiertje later zitten we op onze strandstoeltjes met een fles wijn, een stokbrood en een stuk kaas naar het laatste reepje ondergaande zon te kijken. Zwaluwen tuimelen over elkaar in de lucht boven de knoestige wijnstokken. In de verte ligt een dorpje.

We hebben onze eerste plek voor de nacht gevonden in de glooiende heuvels van de Champagne. En hij stond niet eens op de app.

Het avontuur is begonnen.

NEE...
BEST PRIMA, TOCH?

Scheefstand

De nacht valt vroeg in de Champagne en we komen erachter dat je prima op je strandstoeltje naast je bus zit zolang je je kunt vergapen aan de ondergaande zon, maar zodra het donker begint te worden heb je buiten niks meer te zoeken. Het geluid van krekels overheerst, het koelt af en de duisternis is niet bepaald aanlokkelijk. We laten de honden voor een laatste keer uit op het paadje dat dwars door de wijngaarden loopt, kijken nog één keer naar de nachtelijke hemel en duiken ons bed in.

Twee uur later slaap ik nog niet. Ik lig zo'n beetje óp Berry, die bijna is verdwenen tussen het matras en de zijwand van de bus. Doorgewinterde happy campers lezen dit natuurlijk hoofdschuddend, die snappen wat er mis is, maar wij zijn geen doorgewinterde happy campers. Het duurt daarom even voor we begrijpen wat er aan de hand is: de bus staat scheef. Niet zo scheef dat we het voelden toen we nog rechtop stonden, maar nu we eenmaal liggen, ja, nu dus wel.

De bus verzetten is nog een hele onderneming, want

om achter het stuur te komen moet je of buitenom, óf je door de smalle opening van de scheidingswand de cabine in manoeuvreren. Beide opties klinken minder aanlokkelijk dan gewoon blijven liggen en proberen in slaap te komen.

Uiteindelijk lukt ons dat, maar meer dan drie uur nachtrust hebben we er niet op zitten als de eerste zonnestralen door het dakraam in onze ogen schijnen en de honden onrustig beginnen te worden.

'Ik heb gedroomd dat ik van een klif af rolde,' zeg ik. 'Volgens mij heb ik me op een gegeven moment aan de zijkant van het matras vastgeklampt.'

En dat was niet het enige. Mijn hoofd zit vol watten, mijn ringen snijden in mijn vingers, die aanvoelen alsof ze elk moment kunnen openbarsten. Nooit geweten dat waterpas slapen – zowel in de breedte als in de lengte – zo'n ding is.

Achter elkaar laten we ons met één voet op het aanrecht uit het bed zakken. Berry schuift de zijdeur open.

Toegegeven, veel mooier dan dit kan het niet worden. Zo ver het oog reikt druivenstokken in het ochtendlicht, de geur van de natuur, van aarde, een prachtige zonsopkomst. Ik hoor een koe loeien. Maar, het aller-allerbelangrijkste is natuurlijk:

we leven nog, hoera! 

Champagneontbijt

Berry flanst een ontbijtje in elkaar terwijl ik de honden uitlaat. Ik snuif de frisse, zuivere lucht op. De ochtendzon verwarmt de aarde en verdampt de ochtenddauw die als een glinsterend waas over de wijnvelden ligt.

Het is een bijzonder idee dat alle champagne die over de hele wereld wordt geschonken, van Hongkong tot Mumbai en van São Paulo tot Amsterdam, in deze streek wordt gemaakt. Champagne is een beschermde naam: voor de liefhebber is dit gebied het heilige der heiligen. Je kunt vervelender plaatsen bedenken om de nacht door te brengen.

Er rijdt stapvoets een bestelautootje voorbij, subtiel stofwolkjes opwerpend. De bestuurder groet me vriendelijk. In een opwelling houd ik hem aan. 'Weet u van welk champagnehuis deze *vignes* zijn?'

Mijn Frans is redelijk, maar deze man versta ik nauwelijks. Hij had net zo goed Portugees kunnen praten. Na herhaaldelijk vragen, waarna steeds weer hetzelfde onverstaanbare antwoord volgt, weet ik hem ten slotte een routebeschrijving te ontfutselen.

Berry en ik doen de vaat, ruimen het koffiezetapparaatje op, zetten de kastdeurtjes vast met de snelbinders en rijden de heuvel af. We spotten al snel het paars geschilderde pand waar de man het over had.

'Ik wacht hier wel even met de honden,' zegt Berry.

Ik loop het pand in. Er brandt geen licht. Ben ik hier wel goed? Het interieur wekt de indruk van een hippe kapsalon uit de eighties; witte tegels op de vloer, paarse muren, veel spiegels en hoogglans zwarte meubels. Van alle champagnehuizen hebben wij met stip het treurigste te pakken.

Er komt een madame naar voren. 'Komt u voor de rondleiding?'

De tl-lampen worden door iemand buiten beeld aangeknipt.

'Eh, nee, ik kwam een paar flessen champagne kopen om u te bedanken omdat wij in uw wijngaard hebben geslapen.'

De dame fronst diep en kijkt dan argwanend langs me heen naar buiten, waar manlief met knot en zonnebril geduldig achter het stuur op me wacht. Ik zie de bus door haar ogen: een groengrijs gevaarte, doffe lak met deukjes. En ook, dat valt me nu pas op, hier en daar een beetje roest.

Ik probeer haar in andere bewoordingen uit te leggen wat ik bedoelde, en het lijkt erop dat ik daarin slaag, want ze draait snel bij. Zomaar wat flessen kopen gaat evenwel niet lukken. Er hoort echt een proeverij bij, zeggen twee andere vrouwen die erbij zijn komen staan – ik vermoed familieleden, ze hebben dezelfde trekken.

'Proeverij?' herhaal ik.

Ze knikken synchroon.

Serieus, een champagneproeverij, om halftien 's ochtends?

Ik word geïnstalleerd op een betegeld terrasje – witte plastic meubeltjes met paarse parasols – en er worden glaasjes champagne aangerukt, waar ik braaf van nip. Het is voor mij nog veel te vroeg om hiervan te kunnen genieten en ik mis ook een beetje ambiance. Ik ben de enige klant en al mijn bewegingen worden nauwlettend in de gaten gehouden door drie personeelsleden. Een van hen is naar de overkant van het straatje gelopen en heeft Berry overgehaald om zich bij mij te voegen. De honden mogen mee, da's aardig. Ze kwispelen als ze me zien op dat verder lege, nogal sfeerloze terras, en ploffen dan naast me neer.

Berry weet de proeverij af te slaan. En dat is maar goed ook, want toch wel enigszins beschonken (en met twee flessen met een paars etiket onder mijn arm geklemd) klim ik rond halfelf de bus weer in. De instap blijkt hoger

HIK

dan ik dacht, een van de flessen glijdt onder mijn arm vandaan. Berry kan hem nog net opvangen.

Als ik zit start hij de motor. 'Nou, lieverd, zeg het maar. Waar gaat de reis naartoe?'

Ik open de app en bekijk de kaart van Frankrijk op een nieuwe, ándere manier: ik zie ineens de talloze mogelijkheden die dit wijnland te bieden heeft. Ik tuur naar de plaatsnamen, waarvan een aantal me bekend voorkomen. Dan sla ik op het dashboard. 'Volgende stop: Chablis!' roep ik. 'Hé, olé, olé, olé!'

Melodrama

Hond Mel, of Mello, wordt door intimi ook wel Melodrama genoemd. Er zit namelijk een nurkse diva in dat magere windhondenlijfje verscholen, die het bespelen van mensen tot kunst heeft verheven.

Windhonden behoren tot de alleroudste hondenrassen: voorouders van Mel trokken al ruim voor onze jaartelling op met de Kelten, en assisteerden hen bij de (hazen- en konijnen)jacht. Uit recent genetisch onderzoek kwam naar voren dat een aantal windhonden zelfs tot de oerrassen behoort: het zijn rechtstreekse afstammelingen

van Aziatische wolven en jakhalzen en hun slanke lijn is niet door ons bedacht of ingefokt. Ze zijn de Formule 1-auto's onder de hondenrassen, alles is bij hen gebouwd op snelheid en ze bereiken vaak zonder al te veel gedoe een hoge leeftijd. Maar als beagles en labradoodles je referentiekader zijn, ziet zo'n gespierde spijker er algauw zieligjes uit. Mel voedt dat beeld van 'zielige hond' graag als ze aandacht wil of haar zin niet krijgt. En dat gebeurt nogal eens.

Zo is ze beledigd als ze áchter in de auto moet; ze wil voorin, bij ons. Droge brokjes zijn voor lagere wezens, over die van haar moet olijfolie. Ze gaat pas liggen als je haar matrasje in de zon legt (en als het te warm wordt, moet het weer in de schaduw). En wel graag zacht genoeg, want tere botten. In de winter hoort toestoppen erbij, zodat alleen dat smalle snuitje nog uit de hoop kussens en dekens piept. Dat werk.

Ze ligt nu rustig op haar matje bij ons op een terras, allang blij dat ze uit die lawaaiige, trillende bus mag waar wij, ongevoelige barbaren, haar steeds in stoppen.

Madame is inmiddels
op haar hurken gezegen. Haar neus
komt net boven ons tafelblad uit.

Berry en ik zijn net begonnen aan onze *plat du jour*. De serveerster zet een bakje water neer, zo attent, waar Mel beleefd twee likjes uit neemt.

Een paar tafeltjes verderop zit een mevrouw op leeftijd naar ons te kijken. Een keurige madame in bloemetjesjurk, met gekapt haar en stevig aangezette make-up. Ze knikt ons vriendelijk toe, maar ze kijkt wat vreemd uit haar ogen. Te veel gedronken misschien, of in het algemeen een beetje de weg kwijt?

Dan komt ze plotseling op ons af en begint de hond te aaien. 'Ik heb dat water voor haar besteld, ik zag dat ze dorst had,' begint ze.

Mel geeft de vrouw kopjes als een kat en kijkt haar liefdevol aan – helemaal in haar rol van zielige hond.

'Wat aardig, merci,' zeg ik.

Madame is inmiddels op haar hurken gezegen. Haar neus komt net boven ons tafelblad uit en haar ogen staan waterig achter haar dikke brillenglazen. Dit alles op zo'n twintig centimeter van mijn bord vandaan.

'Ik heb niet alles opgegeten,' zegt ze, en ze wijst naar haar tafeltje. 'Ik wil de rest graag aan uw hond geven.'

'Dat hoeft niet,' zeg ik. 'We hebben hondenvoer in de bus.'

Melodrama, opportunistisch wezen, drukt haar kop in de holte van madames elleboog. Ik zie het voor mijn ogen gebeuren: de hele trukendoos gaat open. '*Le pauvre*... Och arme! Kijk nou toch, het zieltje...' roept de vrouw en ze

kijkt ons argwanend aan. 'Is ze *maltraité*?'

'Nee, hoor,' antwoord ik. 'Ze is gewoon een komediante.'

Het hele terras – uitsluitend wat oudere Fransen – kijkt nu afwachtend toe.

'Weet u dat zeker?' gaat ze verder. 'Ze is zo mager.'

'Héél zeker,' zeg ik. 'Zo is het ras.'

Een kwartier later zit madame er nog steeds. Neergezegen op haar hurken, haar armen om de hond geslagen, murmelend. Haar met grijs doorschoten kruin is nog net zichtbaar achter het mandje brood en het tafelwater.

Dit is zonder twijfel de ongemakkelijkste lunch ooit.
Maar Mel heeft een topmiddag.

Ontjakkeren

'Mooi hier,' merkt Berry op als we een middeleeuws dorpje doorkruisen ten zuiden van Chablis. Ik probeer alle schoonheid in me op te nemen, maar er is veel te zien, heel veel, en húp, we zijn het dorp alweer uit. Was er niet een uitnodigend terras in de schaduw van een oud kerkje? Een boomgaard bij een heldere beek? Een schattig bakkertje waar je zo'n heerlijk stokbrood kunt kopen? En ik heb best zin in een kop koffie.

'We hadden eigenlijk even moeten stoppen,' zeg ik.

'Waar?'

'In dat dorpje.'

Berry knikt en rijdt door, zijn blik strak op de weg gericht.

Volgens de navigatie ligt onze overnachtingsplek drie uur verderop. Die heeft vier sterren op de camperapp. Op die app staan camperplaatsen met een hefboom, een campingwinkel en een zwembad, maar ook plekken in de vrije natuur waarvan onzeker is of je er eigenlijk wel mag verblijven. Onze plek voor de nacht behoort tot die laatste categorie, dus willen we er ruim voor het donker zijn. Mocht het tegenvallen, dan kunnen we nog op zoek naar iets anders.

We zoeven langs velden met zonnebloemen. Een wei met koeien en kalfjes. Door nog meer dorpjes, die me toch stukken minder idyllisch voorkomen dan dat ene. En ik denk: is dit het nou, dat vrije, ongeregelde camperleven?

Jarenlang jakkerden we met onze kinderen over spuuglelijke péages en speurden we met het hele gezin de koelafdeling van een megatankstation af om Red Bull voor de chauffeur en kleffe sandwiches voor het kroost te scoren, terwijl we voor hetzelfde geld een plat du jour hadden kunnen bestellen bij een door een familie gerund restaurantje in een of ander verstild gehucht.

Zelfs het noorden van Frankrijk, zo weet ik nu, is onvoorstelbaar mooi! De Somme met zijn metalen bruggen, de gastvrijheid van de bewoners, de eeuwenoude hoeves... We hadden er nooit weet van. Noord-Frankrijk was gewoon een godvergeten saai stuk, met kilometers aaneengeregen monocultuur helemaal tot aan Parijs, en daarna werd het niet veel beter. Gas erop, verdorie, gauw weer door.

We scheurden gespannen van A naar B om dáár te gaan genieten/werken/familie bezoeken. Dáár moest het gebeuren.

En waarom, vraag ik me nu af. Ja, tijd, natuurlijk, de kindjes hadden één, twee, zes, tot wel acht (in Frankrijk!) weken vrij van school. Maar juist die zomervakanties hadden zich er perfect voor geleend om van de reis zelf óók een belevenis te maken. Voor de kinderen en voor onszelf. Maar dat deden we niet. We scheurden gespannen van A naar B om dáár te gaan genieten/werken/familie bezoeken. Dáár moest het gebeuren, dat stipje op de kaart waar we naartoe gingen. De hele reis ernaartoe was alleen maar verloren tijd.

Nu is er alleen de reis. En als ik zo naar Berry kijk, zijn vuisten om het stuur, blik op de horizon, besef ik dat het jakkeren nog niet uit ons systeem is. Ontjakkeren moet

je ook leren. We moeten oppassen dat we niet vervallen in ons oude patroon.

Ik zoek op de app naar een fijne overnachtingsplek die een stuk dichterbij ligt. Er blijken er minstens tien te zijn. 'Zullen we omdraaien?'

Berry fronst. 'Omdraaien?'

'Ja, ik heb zin in een kop koffie. En dat ene dorpje bij die beek zag er zo gezellig uit.'

Stilte. 'Maar dan moeten we helemaal terúg.'

'Het gaat om de reis zelf, weet je nog?'

Hij grijnst, schudt zijn hoofd. 'Geef me nog een dag, goed?'

De Loire

Onze standplaats voor de nacht is een onzekere. Op de app wordt betwijfeld of het überhaupt wel een standplaats ís. Sommige happy campers zijn weggestuurd ('Het werd hier veel te druk, de gemeente is er klaar mee.'), anderen hebben een topnacht gehad. De foto's zijn zo adembenemend mooi dat we het erop wagen.

We manoeuvreren de bus met moeite door de krappe steegjes van een gehucht vlak bij Bourges. De huizen en muren doen even robuust als antiek aan, en ik bedenk dat als je een film mocht willen opnemen die zich duizend jaar geleden afspeelt, je dan hier terecht kunt. Het is af en toe echt centimeterwerk, we komen bijna vast te zitten in een bocht.

Als we dan eindelijk op de aangegeven plek aankomen is ons enthousiasme niet te stuiten. Een parking in de schaduw van enorme bomen, met aan weerszijden een brede, en misschien wel honderden meters lange, grasstrook grenzend aan de imposante rivier de Loire, met strandjes, struiken en bomen langs de oever.

Het is af en toe echt centimeterwerk,
we komen bijna vast te zitten in een bocht.

'Yes!' roep ik. Berry wijst op een opmerkelijk kerkje van witgrijze mergel met links en rechts van de stenen trap naar de ingang twee joekels van ceders. De bomen zijn tientallen meters hoog. Naast de kerk is een waterbak met kraantje. EAU POTABLE staat erbij op een emaillen bord – drinkwater. En dan pas zien we de barrières op de weg naar de parking: paaltjes, betonnen bakken. Je kunt er niet tussendoor met de camper. *De gemeente is er klaar mee.*

In het gras naast de parking staat een camper met een Belgisch kenteken. Een berg van een kerel met een bordercollie aan zijn voeten zwaait naar ons en staat op uit zijn campingstoeltje.

'Je kunt het daar verderop wel proberen,' zegt hij in het Frans, en hij wijst naar het grasveldje dat tussen de rivier en het kerkje ligt. 'Of nog wat verderop. Ze handhaven niet als je afstand houdt.' Het klinkt alsof hij weet waarover hij het heeft. En hij nodigt ons uit om die avond mee te barbecueën – worst en buikspek. Dat aanbod slaan we vriendelijk af.

Ondertussen zijn de bordercollie en Mel aan het spelen. De diva mag dan bejaard zijn, van de aandacht van een jong mannetje met een glanzend zwarte vacht wordt ze ineens weer dartel. Saar wil meedoen, maar die durven we nog niet los te laten, zij is nog te kort bij ons. We rijden de bus het hobbelige gras op, voorbij de kerk, en parkeren parallel aan de Loire, waar een stevige stroming staat.

Vervolgens maken we een wandeling met de honden in het avondrood en laten we de prachtige zonsondergang op ons inwerken terwijl we stokbrood eten met kaas en hummus.

Een kleine vijftig meter verderop ligt een oud, voornaam ogend grijs gebouw met hoge ramen in vakverdeling en aan de rivierkant een terras met een sierlijke stenen balustrade. Daar staan ook mensen te kijken naar de zonsondergang, naar alle kleuren rood, oranje, roze, blauw, violet en paars die weerspiegelen in het schitterende, snelstromende water van de rivier.

Als ik na het vallen van de avond inzoom op Google Maps zie ik dat het gebouw een viersterrenhotel is dat wordt geroemd vanwege het fantastische uitzicht. De kamers doen er tweehonderd euro per nacht.

Scheefstand II

De standplaats aan de Loire mag die in de Champagne dan met gemak toppen, we hebben nog steeds een waterpasprobleem. Of beter gezegd: ik. Want Berry heeft nergens last van. Of al zijn bloed nu naar zijn hoofd of naar zijn tenen zakt, hij slaapt er geen minuut minder om. Ik dus wel, en mijn bijnaam 'Prinses op de erwt' doe ik weer eens eer aan als ik 's nachts mijn gewrichten voel, tintelingen in mijn handen en hoofdpijn bij het wakker worden.

Het drukt me met mijn neus op de feiten: op de bonnefooi rondtrekken in een stoere bus en 'soepel' in en uit bed klimmen via het aanrecht zal ik waarschijnlijk niet tot in de eeuwigheid kunnen blijven doen. Al helemaal niet als we niet gauw iets verzinnen om waterpas te kunnen slapen.

Het kan zijn dat ons zware werkpaard
in de loop van de nacht
een stukje is weggezakt in de zachte Loireklei.

We zitten net aan het ontbijt als de Belgische buurman poolshoogte komt nemen. Zijn hond daagt Mel uit, en al snel ravotten die twee in het gras bij de rivier. Ik schenk nog eens koffie in en breng de scheefstand ter sprake. Daar weet de buurman wel het een en ander van. Enthousiast praat hij ons bij over methodes om de boel waterpas te zetten. Berry slaat aan op een ervan: oprijblokken, die gaat hij bestellen voor de volgende reis. Buurman denkt dat blokken ons in dit geval toch niet geholpen zouden hebben, want het kan zijn dat de wielen van ons zware werkpaard in de loop van de nacht een stukje zijn weggezakt in de zachte Loireklei. Niets aan te doen, zulk ongemak hoort erbij als je van de gebaande paden wijkt. En het is ook wel een beetje de charme van het ongeregelde camperleven.

Nadat we afscheid hebben genomen – wij gaan weer door, buurman blijft nog een nachtje – komt Berry erachter dat er standaard een waterpas op zijn iPhone zit; de volgende keer hoeven we dit allemaal niet meer op gevoel te doen, maar staat de moderne techniek ons bij.

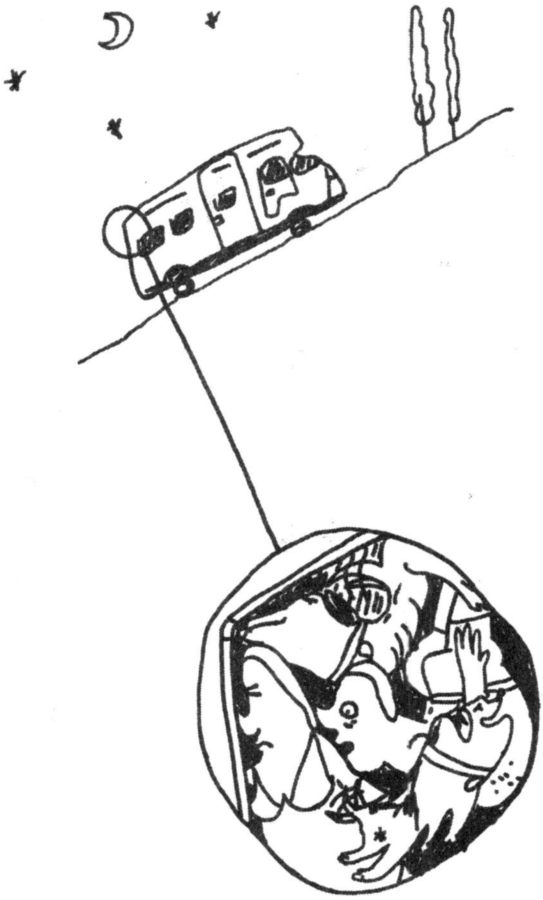

De gendarmes

We rijden al uren door cultuurlandschap: tot aan de horizon zijn de heuvels bedekt met vele hectares graan en maïs. Af en toe doorkruisen we een slaperig dorp. Boven het asfalt zindert de lucht.

Ik zoek naar een verkoelend beekje of een stuk bos dat schaduw biedt, in elk geval een uitnodigende plek om te lunchen, maar nee. Uitgerekend op onze route valt er helemaal niets te beleven. Treurige huisjes, luiken dicht. Het is gruwelijk saai.

Daarbij voelt het alsof we door een teletijdmachine terug in de tijd geslingerd zijn; de auto's (zonder uitzondering met kenteken van de streek) die we incidenteel tegenkomen zijn in de jaren zeventig en tachtig gebouwd. Zeg maar van het type pruttelende, overhellende lelijke eend met een opaatje achter het stuur.

Het verschil tussen beide politiemensen is opvallend, het lijkt wel een komisch duo.

Het wordt ineens een stuk spannender als we in de berm net buiten een dorp een donkerblauwe auto van de gendarmerie spotten. Twee mannen in uniform zijn uitgestapt, hun gezichten naar ons gekeerd. Er is verder niemand in deze blakerende hitte. Zij en wij, als in een oude western, of eigenlijk beter nog, een film met Louis de Funès: het verschil tussen beide politiemensen is opvallend, het lijkt wel een komisch duo. De een is een lange zestiger met een stevig postuur, de ander is in de twintig, opvallend klein van stuk en pezig.

'Laurel en Hardy,' mompelt Berry.

'In kogelwerend vest,' voeg ik eraan toe.

Terwijl we dichterbij rijden kijken de gendarmes elkaar aan. Ik zie ze overleggen.

En ja hoor, de oudste, laten we hem Hardy noemen, gaat midden op de weg staan en steekt gedecideerd zijn hand op. We worden aan de kant gezet.

'Shit,' zegt Berry, en ik voel zijn spanning. Want gecontroleerd worden door de sterke arm (in het Frans: *les flics*, de flikken) blijft oncomfortabel, ook al heb je niets te verbergen. Zijn de entingsboekjes van de honden wel echt in orde, heb ik de juiste documenten bij me, wat zoeken ze eigenlijk, is het hier eenrichtingsverkeer...? Je gaat overal aan twijfelen.

Terwijl we de papieren overleggen begint Berry een praatje. Hij zegt dat het zo rustig is en dat we iets meer reuring en toeristen hadden verwacht (we zitten hier nog tussen twee coronagolven in). De mannen brommen en kijken naar de papieren. Hardy loopt terug naar de dienstauto en zoekt daar wat op.

Iets heeft hem gealarmeerd, maar wat?

Dan moet de schuifdeur open. Ik houd mijn hart vast, want Melodrama heeft de bokkenpruik op. Een offday zoals alleen zij die kan hebben. Met diepe zuchten, en vooral met dodelijke blikken, heeft ze ons vandaag al ettelijke malen laten weten dat ze het gehobbel in die stomme bus meer dan zat is. Waar blijft de luxe lunch met brood, dat ik haar stiekem onder de tafel toestop, het verkwikkende wandelingetje door het bos, de aai/massage en de persoonlijke aandacht die een diva van haar kaliber toekomt?

Zodra de deur openschuift, draait ze haar oortjes naar achteren en trekt haar állerzieligste smoeltje, haar magere rugje opgetrokken, alsof ze wil zeggen: 'Eindelijk redding. Kijk nou eens wat ze me aandoen! In zo'n rammelende bus stoppen ze me, de hele dag!'

Wat moet dat nou weer voor een indruk maken op de agenten? Twee buitenlanders met een beklagenswaardige, broodmagere hond in een tot camper omgebouwde, aan alle kanten gebutste werkbus. Dan klinkt vanaf ons zitbankje – eigenlijk verboden terrein voor honden – de alarmkef van Saar. Als ik haar tot stilte maan houdt ze er gelukkig mee op, maar ze blijft daar zitten, trillend, met een felle uitdrukking op haar gezichtje, argwanend en alert, klaar om in te grijpen.

De jongste agent werpt een snelle blik in het binnenste van de bus. Hardy schraapt zijn keel en vraagt dan aan Berry wat zijn connectie is met Frankrijk.

Ik vind het allemaal vreselijk lang duren.

'We hebben in de Dordogne gewoond,' antwoordt Berry.

'Onze kinderen zijn deels in Frankrijk opgegroeid,' voeg ik eraan toe.

De twee gezichten klaren op.

'Wanneer precies?' vraagt de jongste.

Berry antwoordt: 'Van 2004 tot en met 2008.'

We hebben hun nieuwsgierigheid geprikkeld. 'Wat trekt u nou het meest aan Frankrijk?'

'Het eten,' zeg ik.

Meevallertje: goed geantwoord, ze glimlachen nu welgemeend – hopen we.

Hardy geeft Berry zijn papieren terug. 'Alles in orde. Uw rijbewijs heeft een Franse registratie gehad, dat was vreemd.'

Wat een feest. We hoeven niet naar de gevangenis, we mogen gewoon door naar het volgende dorp.

Op de valreep vraagt Hardy: 'Madame, die hond... wat is daarmee aan de hand? Hij lijkt bang.'

'Maltraité,' zeg ik met een uitgestreken gezicht. 'Mishandeld, we hebben haar van een Spaanse *refuge* – een asiel, het arme dier.'

'Daar heb ik van gehoord. Die Spaanse windhonden zijn vaak getraumatiseerd,' weet hij. 'Goed van u dat u zo'n beest in uw gezin opneemt.'

Het kan nu niet meer stuk.

Als we het dorp uitrijden, wuiven de twee gendarmes ons uit.

Van achter uit de bus klinkt een lange, diepe zucht.

Claustrofobie

Er is iets wat nu eenmaal onlosmakelijk bij het camperleven hoort en wat je niet kunt verhelpen met handige apps en oprijblokken. Dat is het simpele feit dat je het samen 24/7 op een beperkt aantal vierkante meters moet zien te rooien. We hebben naast een vast bed dat, toegegeven, best comfortabel is, een piepklein bankje tegen de zijwand met een klaptafeltje dat nauwelijks groot genoeg is voor een laptop. De honden nemen samen vrijwel de hele vloer in beslag – en dan liggen ze niet eens languit.

In het begin vond ik dit een claustrofobisch idee. Nu weet ik dat je zo'n kleine ruimte ook kunt ervaren als oergezellig en knus. Sterker nog: na een weekje rondtrekken kom je erachter dat een mens eigenlijk helemaal niet zoveel spullen, kleding en ruimte nodig heeft.

Wat moet je met dertig paar schoenen, vier verschillende winterjassen, een keukenmachine met veertig hulpstukken, twee complete serviezen en een airfryer? Wat hebben we ons toch allemaal laten aanpraten? Het gaat zo meer dan prima, met één Nespresso-apparaatje, twee pitten om te koken en een diepe lade p.p. waar alle kleding en schoenen voor onderweg met gemak in passen. Sterker: ik heb nog geen kwart gedragen van wat ik heb meegenomen. Verder is de bus zo aan kant, de afwas in vijf minuten gedaan en hebben we geen last van hondenharen zolang we de bedjes een paar keer per dag uitkloppen.

Dat we alleen een buitendouche hebben, ach. We houden het voorlopig bij een kattenwasje. Wel krijgen de voeten elke avond voordat we gaan slapen een grondige wasbeurt, want je wilt geen Frans zand, dennennaalden en hondenharen in je bed.

En mocht het eens nodig zijn, dan is het goed te weten dat er bij de grotere winkelcentra wasmachines en drogers zijn geplaatst voor rondtrekkend volk.

Het gaat me dus goed af, het busleven. Er zit meer happy camper in me dan ik ooit had kunnen vermoeden. Dat uit ik op dag zeven enthousiast tegenover Berry.

'Fijn,' zegt hij. 'Maar ik wil een dezer dagen wel een hotel boeken.'

'Een hotél? Jíj?' Ik schiet in de lach. 'De kinderen dachten dat ik na twee dagen huilend de trein naar huis zou nemen, en nou blijk jíj de diva van ons tweeën te zijn?'

Hij schudt zijn hoofd. 'Zo zit het niet. Ik kan het wel maanden uithouden in de bus. Geen punt, echt niet.'

Een greep uit de spullen die we niet gebruiken, maar ook niet willen weggeven of weggooien:

Een magic decanter, een rijststoompan, een puzzel voor de hond (Saartje snapt 'm allang).
Een spijkerpistool, een chocoladefontein, twee reserveyogamatjes en een koningsblauw overgordijn.
Een courgettespaghettisnijder, een hamsterkooi met buizen, mijn trouwjurk uit '91 en een doos oude plavuizen.
Een vliegeniersjack uit de eighties (het is nog helemaal goed!), pennen die het soms wel doen, en een leren cowboyhoed.

'Ja, maar... hoe...'

'Nou ja, jij zit erbij, hè.'

Als ik doorvraag, zegt hij dat hij het schoonmaakregime en het wassen der voeten te veel gedoe vindt.

En dan snap ik wat er bij hem speelt. Berry is een rommelaar. Dat is nooit een probleem. Hij heeft zijn eigen mancave slash werkschuur waar ik gelukkig nooit hoef te

zijn, zijn eigen kantoor en zijn eigen kant van de moestuin. Ik heb mijn witte schrijfkamer, boeken op kleur, alles geordend. Mijn creatieve hoofd is een soort snelkookpan met ideeën die over elkaar buitelen, gedachtes die alle kanten uit schieten, herinneringen en emoties die snel opkomen en weer verdwijnen. Voor de balans heb ik harmonie nodig, een rustig ogende, schone omgeving.

Berry zit anders in elkaar. Hij leeft ongedwongener en neemt de dingen zoals ze komen. *Go with the flow.*

Nu we constant met zijn tweeën op deze paar meter bivakkeren, worden die tegenstellingen ineens uitvergroot. We kunnen er niet meer omheen.

Om de goede vrede te bewaren laat Berry zijn voeten wassen (hijzelf half op het bed hangend, voeten boven het gootsteentje), klopt hij de hondenbedden uit bij elke stop en veegt hij zonder morren drie keer per dag de haren uit de camper. Maar er zit een grens aan dat meebuigen, en die grens is blijkbaar bereikt.

Een hotel dus. Eén nachtje waarin er voor ons uit en achter ons aan wordt gepoetst, zodat we daar geen gedoe over hebben. Eén nachtje hotel om een rimpeling in het huwelijk glad te strijken. Ik vind het een koopje.

Vegetarische salade

Het wil maar niet lukken om een levendig plein met beschaduwde terrasjes voor de lunch te vinden. Dorp na dorp zijn de cafés en restaurantjes dicht en is er geen kip op straat. Net wanneer ik me begin af te vragen of het misschien een of andere herdenkingsdag is waar ik niets van weet, zien we een restaurantje in de verte, met vrolijk wapperende vlaggen.

Als we dichterbij komen blijkt het een vrijstaand houten gebouwtje te zijn. Eromheen ligt een flinke gravelparking met auto's uit de streek (in Frankrijk kun je aan de laatste twee cijfers van de kentekenplaten zien in welk departement de auto geregistreerd is. Hier is dat 78, Haute-Vienne). Er is een met gevlochten schuttingen omheind terras. Verschoten Stella Artois-parasols beloven zelden iets goeds, maar vandaag doen we het er maar mee.

We parkeren de bus in de schaduw van een grote conifeer. Berry gaat binnen vragen of de honden mee het terras op mogen, en of er iets vegetarisch mogelijk is – vooral in dunbevolkte streken is de keuken vaak nog traditioneel. Hij komt met een brede glimlach naar buiten: 'Twee keer *oui!*'

De eigenaar brengt ons persoonlijk naar onze plaatsen: witte stoeltjes aan een plastic tafeltje. De gesprekken op het terras verstommen. We leggen de matjes neer voor de honden, die zich er keurig op neervlijen, en begroeten dan de andere gasten die ons openlijk nieuwsgierig zitten op te nemen. Ze zijn hier overduidelijk geen toeristen gewend. De serveerster verschijnt aan het tafeltje. Het menu van de dag is kippenbout met linzen, zegt ze. Berry vraagt naar de *plat végétarien*.

De serveerster trekt een gezicht. 'Végétarien?'

Om ons heen is het nog steeds heel stil.

'Ehm… De man die ik daarnet sprak zei dat er een vegetarische salade mogelijk was.'

'Ah, bon. Salade. Pas de problème,' zegt ze, opgelucht, en voegt eraan toe: 'We kunnen een salade tonijn-mayonaise voor u maken.'

'Eh… tonijn… is vis.'

'Ó?' Haar wenkbrauwen schieten omhoog. 'U eet geen vis?' Er gaat iets mis in de bedrading, denk ik uit haar blik op te maken.

Berry schudt rustig zijn hoofd.

'Geen vis, geen vis,' herhaalt ze mompelend – nu weet ze het helemaal niet meer. 'Maar… maar wat dán?' Vertwijfeld zoekt ze steun bij mij, alsof ze wil zeggen: *Jij hoort bij deze végétarien, dus weet jij vast wel raad. Red me hieruit!*

'Ei, artisjok, olijven, paddenstoelen, walnoten?' opper ik.

Ze kijkt me donker aan.

'Asperges, croutons, quinoa, kaas, aardappelen, meloen?'

Plotseling klaart haar gezicht op. 'Meloen! Dat hebben we.'

Een kwartiertje later komt ze terug. Ik krijg een kippenbout die dobbert in afgekoelde linzendrab, en Berry zijn salade. We tellen acht blaadjes sla en een halve meloen.

De meloen is eenvoudigweg doormidden gesneden. Geen dressing op de sla, geen zout, niets.

'Goed zo?' vraagt de serveerster, nerveuzig. 'Salade met meloen, dat is goed, toch? Dat vindt u toch lekker? *Végétarienne?*' Ze veegt haar vochtige handen af aan haar schort.

Berry kijkt van zijn bord naar het mijne, waarop zonder enige twijfel een opgewarmd blikje linzen is uitgestort, en besluit het erbij te laten. 'Zeker, heerlijk! Heeft u hier misschien nog een bordje frites bij?'

'Jazeker.' De dame knikt verheugd. '*Faites maison!* Huisgemaakt.'

'*Parfait!*'

'Ook een portie voor mij dan, graag,' hoor ik mezelf zeggen.

JE NE SUIS PAS UNE PLANTE...

Jeugdsentiment

We zijn een paar maanden thuis geweest, waarin Berry aanpassingen heeft gedaan aan de bus. Zo heeft hij van de bank een minitreinzitje gemaakt, zodat we nu tegenover elkaar kunnen zitten. Toegegeven, een tafel van 38 centimeter diep is piepklein en we moeten onze knieën om en om onder het blad inparkeren, maar het is beter dan het was. Er passen nu zelfs twee laptops op; we kunnen onderweg werken!

'Waar wil je heen?' vraagt Berry als we wegrijden. (Mijn man en ik zijn al honderdzevenentachtig jaar 24/7 samen, en het adagium 'happy wife, happy life' staat inmiddels in spiegelbeeld op zijn voorhoofd getatoeëerd – 'Anders ga je die honderdzevenentachtig jaar niet redden,' zal hij zeggen als je hem ernaar vraagt. Bovendien maakt het Berry niks uit, waar we precies heen gaan. Áls we maar gaan.

Maar ik dwaal af.)

'Normandië,' zeg ik. 'Lisieux.'

Normandië heeft een speciaal plekje in mijn herinnering. Als tiener en twintiger heb ik heel wat lange weekenden doorgebracht bij een Normandische boerenfamilie. Zij woonden in een eeuwenoude boerderij die in de Efteling niet zou misstaan. Zo'n typisch Normandisch vakwerkhuis met typisch Normandische vakwerkschuren eromheen, te midden van een groen, glooiend landschap met heggen, appelbomen en snelstromende beekjes.

Het wordt nog idyllischer, want de familie maakte cider van appels uit de eigen boomgaarden en hield melkvee voor de camembert. Normandischer krijg je het niet.

De familie maakte cider van appels uit de eigen boomgaarden en hield melkvee voor de camembert. Normandischer krijg je het niet.

Ik ben bij deze familie geïntroduceerd door een goede vriendin wier vader actief was in de draf- en rensport. In de regio zijn namelijk talloze bekende, zelfs wereldberoemde paardenrenbanen (het paradepaardje: La Touque in Deauville, gebouwd in 1864), plus nogal wat stoeterijen, maneges, paardenfokkerijen et cetera. De ene nog luxer, uitgestrekter en indrukwekkender dan de andere. Voor een van deze stoeterijen huisvestte de familie stagiairs; vanuit heel Europa en ver daarbuiten kwamen die hier leren en werken. Leerling-jockeys, voornamelijk. Voor een Brabants paardenmeisje dat op de basisschool de hele pocketserie *De Zwarte Hengst* van Walter Farley had stukgelezen, was het niets minder dan het walhalla.

Mijn ouders hadden meer met Italië, daarom was dit voor mij als zestienjarige de eerste kennismaking met Frankrijk en de Fransen. En hoewel ik de taal pas veel later echt ben gaan begrijpen en spreken, is mijn liefde voor het land daar ontstaan.

Het gezin waar mijn vriendin en ik verbleven bestond uit een vader en een moeder met hun drie kinderen, en natuurlijk een steeds wisselende stoet aan stagiairs, die altijd bereid waren om die twee blonde *Hollandaises* te entertainen. We hebben menig Franse club vanbinnen gezien, jakkerden 's nachts in verroeste auto's over donkere polderwegen, en we gingen mee naar boerenmarkten. Daar leerde ik dat je eend kon eten. Tot die tijd wist ik niet beter dan dat je eendjes brood voerde.

Achteraf gezien heeft die Normandische familie heel wat met mij te stellen gehad. Vooral de moeder, een zachtaardige, intelligente vrouw, had een engelengeduld. Ze bleef haar uiterste best doen om gesprekken met me te voeren die enigszins de diepte in gingen, wat niet meevalt met een hormonaal gestuurd meisje dat zo ongeveer tien woorden Frans spreekt. Soms zaten we uren te 'praten', bijgestaan door veel goede wil, lichaamstaal en af en toe een woord Engels, in die eeuwenoude, schemerige boerenkamer waarin alleen een eiken eettafel met stoelen stond en de haard de hele wand besloeg. We hadden het over haar ziekte, mijn school, het leven hier en het leven daar. Af en toe werd er 's avonds na het eten gezongen en gitaar gespeeld, en zo kwam het dat ik als meisje van zeventien nog steeds nauwelijks Frans sprak, maar wel het traditionele 'À la claire fontaine' uit het hoofd kon meezingen, inclusief de coupletten.

Als wij zo rond vijf uur 's morgens terugkwamen van het stappen zat de vader van het gezin in zijn overall aan zijn ontbijt. Regelmatig klopten er dan vissers aan bij de achterdeur; ze hadden 'trossen' verse forel bij zich die ze in de beek op het land van de familie hadden gevangen. Cider werd rechtstreeks uit de houten vaten getapt, rauwmelkse kaas was er in overvloed. Die mensen aten daar dagelijks dingen waar in restaurants van over de hele wereld ingewikkeld wordt gedaan.

En toen kwam ik.

Ik at destijds vooral aardappelen met blikgroenten en gehaktballen, overgoten met kerriesaus. Vis liever niet, behalve vissticks, want sowieso at ik niets wat nog enigszins herleidbaar was tot een levend dier, zoals kop, pootjes, botjes of graten. Ik was in die tijd kortom nog culinair beperkt.

Maar ik wilde iets terugdoen voor de goede zorgen, en om nu onnavolgbare redenen nam ik een noviteit mee uit Nederland waarvan ik vermoedde dat de Fransen het vast heel speciaal zouden vinden: gekleurde letterpasta! Macaroni in alle letters van het alfabet in rood, zwart, groen en wit. Daar kwam dan nog een zakje Knorr aan te pas en gehakt (uiteraard), een flinke fles ketchup, en hóp, daar was het bijzondere maal om dank te zeggen voor alweer een mooi lang Normandisch weekend. Iedereen at het op. Iedereen bleef vriendelijk.

De moeder was destijds al erg ziek. Na haar overlijden zijn de banden met Normandië verwaterd, zoals dat dan (soms) gaat. Maar ik weet nog wat zij me leerde:

'Partir, c'est

mourir un peu.'

Weggaan is een beetje sterven. En zo voelde het steeds als ik daar weg moest.

Ik weet zeker dat ik in 2003 minder enthousiast zou hebben gereageerd op Berry's emigratieplannen zónder deze mooie ervaring vele jaren eerder te hebben opgedaan. Zonder deze mooie, lieve mensen te hebben gekend.

Soms besef je pas later in je leven hoeveel impact bepaalde mensen en gebeurtenissen hebben gehad op de keuzes die je hebt gemaakt en dus op het verloop van je leven.

Pas later ga je waarderen wat er voor je is gedaan.

Partir c'est mourir un peu,
c'est mourir à ce que l'on aime,
on laisse un peu de soi-même
en toute heure et dans tout lieu.

Edmond Haraucourt (1856-1941) –
Rondel de l'Adieu

*

Weggaan is een beetje sterven,
dat is sterven aan wat je liefhebt,
we laten een beetje van onszelf achter,
op elk moment en op elke plaats.

Nieuwpoort

Eigenlijk wilden we in één ruk doorrijden naar Normandië, daar is het immers te doen. Alleen in het departement Calvados zijn al ontelbaar veel leuke plaatsen en bezienswaardigheden. Maar, brengen we elkaar in herinnering: het gaat om de reis, niet om de bestemming. Dus kiezen we voor een route langs de Belgische kust. Daar zijn we nog nooit geweest.

Het land is er vlak en nog niet heel verrassend, en dan krijgt Berry zin in een ijsje. Het benzinestation, tot nu toe de meest logische stop bij dit soort *cravings*, rijden we blijmoedig voorbij. Beleving zoeken we. Ik open Google Maps, zoek op 'ijssalon', en kom uit op Cornet de la Mer: 'het beste ijs van de kust'. Dat belooft wat. We buigen af van de snelweg en rijden Nieuwpoort in. Langs de boulevard wapperen in hoge masten vlaggen van allerlei landen. Er is een enorm monument. Ja, dit is inderdaad Nieuwpoort van de Slag bij Nieuwpoort in 1600, lees ik op Wikipedia.

De ijssalon ligt in het oude centrum, is moeilijk met de camper te bereiken én het is bijna sluitingstijd, dus zetten we de bus een paar straten verderop aan de kant met de alarmlichten aan. Ik blijf wachten terwijl Berry zijn ijsje gaat scoren.

Ik kijk om me heen. Het ziet er hier schoon en verzorgd uit, mensen knikken me vriendelijk toe. Een kleurrijk bord bij een school communiceert in een rond lettertype leefregels als:

'we helpen elkaar'
'een positieve houding'
'we geven elkaar een complimentje'
'hoe gaat het met jou?'

Als Berry terugkomt met zijn ijsje ('Ja, lekker, maar om zeker te weten of dit het beste is, moet ik ook de andere ijstentjes testen.') ben ik al enigszins geworteld in het Nieuwpoortse. Haast om verder te rijden voel ik in elk geval niet.

De honden beginnen zich te roeren. Ze zijn al uren braaf geweest en willen er nu uit. Ik heb daarnet bewegwijzering gezien naar een heus hondenstrand. Dat lijkt ons nou leuk. Saar komt uit een asiel in het Spaanse binnenland, de kans is groot dat dit haar eerste strand-en-zee-ervaring wordt.

We rijden erheen, we hebben er zin in. En wat zien we daar, tegen de duinen aan geplakt? Een uitnodigend restaurant met een beschut terras. We kijken elkaar aan. Zullen we hier wat gaan eten? En als we daarna nou eens in de regio blijven, en kijken hoever we komen met het keuren van die ijssalons? Het gaat niet om de bestemming, toch? Normandië loopt niet weg.

Dan stuiten we op een onvriendelijke boodschap. Verderop staan nog meer borden op palen met dezelfde tekst.

'Meen je dat nou?' hoor ik Berry mompelen.

Het staat er echt:

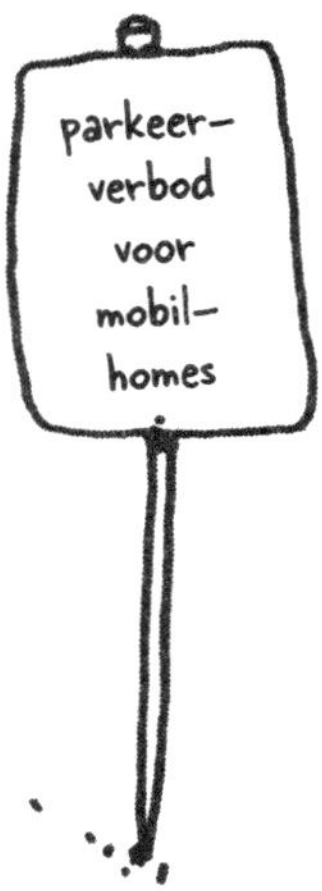

Maar Mel en Saar zijn onrustig en we kennen de weg niet, dus zetten we de bus toch maar even neer. Er is hier in de verre omtrek werkelijk geen hond te bekennen, zelfs niet op het hondenstrand. Een uitgestrekte zandvlakte, een lege zee. We laten die twee even lekker rennen.

Saar is zoals verwacht onder de indruk. Ze snuffelt aan alle dode, halfdode en nog levende krabbetjes en schelpdiertjes die op het strand zijn aangespoeld en blaft opgewekt naar de golven. Hoe leuk had het hier kunnen zijn? Maar als parkeren al niet mag, dan vrees ik met grote vreze voor een eventuele overnachting. De app bevestigt mijn bange vermoedens: Nieuwpoort blijkt anticamper. Er bestaan hier geen gratis plaatsen, er zijn geen wildkampeerplekken. Integendeel: je wordt door je medereizigers gewaarschuwd voor boetes, die worden blijkbaar nogal makkelijk en onverbiddelijk uitgeschreven.

Zouden ze hier wielklemmen hebben?

Er zit maar één ding op: gauw terug naar de bus. Het laatste stuk op een holletje. In mijn hoofd zijn 'we' al weggesleept, of staat er een nijdige 'flik' reikhalzend naar ons uit te kijken, het bonnenboekje in de aanslag. Zouden ze hier wielklemmen hebben? En ik heb trek, verdorie, ik had iets willen eten, een drankje willen doen.

Het ijs
is belangrijker
dan
de bestemming.

Er is niets aan de hand bij de bus, gelukkig. Hij staat er nog, eenzaam en alleen op een enorme lege parking. We springen erin en ik bekijk voor de zekerheid in de app toch nog even de betaalde camperplekken in de regio. Op de foto's hefbomen, asfalt en strakke grasveldjes. Geen uitzicht over zee.

Berry knijpt ongeduldig in het stuur. 'Wat nu?'

'Frankrijk? Het is een halfuurtje naar de grens.'

Met tegenzin verlaten we Nieuwpoort. Geen steek wijzer over de stad en de historie ervan, en met een lege maag. Het hondenstrand was leuk, dat wel.

Saar had een prima dag.

Toch niet zo rustig

Het is zo'n avond waarop ik twijfel of het nog goed gaat komen: de rit naar Frankrijk heeft veel langer geduurd dan gepland, Berry en ik zijn allebei een beetje hangry en ik heb blauwe duimen van het zoeken naar een geschikte overnachtingsplek.

Onze collega-campers zijn in deze regio het enthousiastst over een standplaats op de parking van een supermarkt, die geven ze vierenhalve fonkelende ster ('je mag gebruikmaken van de toiletten!'). Maar overnachten bij een supermarkt... Nee. Een paar kilometer verderop is er nog een stuk asfalt in de aanbieding, ingeklemd tussen vuilcontainers en een sporthal ('overal glas en zwerfvuil'), en weer wat verder een nauwelijks begaanbaar paadje ('we kwamen vast te zitten') in een gruwelijk donker bos ('totale rust'). En wat te denken van deze: 'Geweldig uitzicht, we schrokken helaas

wakker van jongeren die hier samenkomen om alcohol te drinken en met hun auto's te racen.'

Uiteindelijk – we zitten nu wel zo'n beetje in de richting van een echtelijke ruzie – vind ik iets wat me acceptabel voorkomt. Daarvoor moeten we nóg verder doorrijden, dus de zon is misschien al onder wanneer we er arriveren, maar: 'Genoeg ruimte, schoon en rustig, met legio wandelmogelijkheden in het natuurgebied.' Er staat een foto bij van een, zeg maar gerust panoramisch uitzicht over een vallei. Wat een meevaller! Vol goede moed rijden we erheen.

Er is nog een stuk asfalt in de aanbieding, ingeklemd tussen vuilcontainers en een sporthal.

Onze eindbestemming blijkt een gravelparking aan het begin van een wandelroute. Er staan borden en er is bewegwijzering, de boel is netjes bijgehouden. Alleen moet de foto van dat panoramische uitzicht wel aan de andere kant van de heuvel zijn genomen, want hier worden we omsloten door hoge bomen, heggen en dichte struiken. En de schemer is ook al ingevallen. Geritsel van blaadjes, de boomkruinen ruisen. Voor de rest is het stil.

Berry is ook stil, want hij weet hoe eng ik dit soort plekken vind. Maar goed, we zijn moe, hebben honger en het enige alternatief in de buurt is 'naast een rustige begraafplaats' (wat de indruk wekt dat er ook rumoerige begraafplaatsen bestaan... ).

Als het niet gaat zoals het moet, dan moet het maar zoals het gaat.

We gaan hier overnachten.

Punt.

We parkeren de bus zo vlak als het lukt, met één kant strak tegen de struiken. Berry laat de honden nog even uit terwijl ik een curry opwarm die we van thuis hebben meegenomen. Het is al bijna donker, toch zetten we de stoelen en het tafeltje buiten, ik schenk een wijntje in. We eten wat, we kletsen wat, we doen de afwas, en dan is het echt donker-donker. Maar we hebben het naar onze zin, zetten een kaarsje erbij en nemen nog een glas wijn.

Mel vindt het nu allang niet leuk meer; het is flink afgekoeld en ze ligt te rillen. Ik pak haar in met een dikke fleecedeken, iets wat ze zich tevreden laat welgevallen, maar uiteindelijk rillen Berry en ik zelf ook, ondanks jacks en sjaals, en we besluiten naar binnen te verkassen.

Kaarsje aan, stok kaarten erbij. Rolgordijntjes dicht. De honden tevreden. Het leven is overzichtelijk en goed.

Net als we willen gaan slapen horen we knerpend iemand langzaam de parking oprijden. Lichten van koplampen zwenken over de bus. En dan is het stil.

Berry en ik kijken elkaar aan. Dat klonk niet als een camper. Ik ben nauwelijks van de schrik bekomen als er weer een auto aan komt rijden. Let wel: het is na middernacht en de smalle parkeerplaats ligt aan het einde van een doodlopend weggetje – je kunt hier alleen te voet verder het natuurgebied in.

Een portier gaat open en weer dicht. Geen stemmen. Wat gebeurt er daarbuiten? Berry doet het licht uit en tuurt door een kier van het rolgordijn. In het schijnsel van de halve maan ziet hij een man.

Voor je het weet ben je getuige van een of andere drugsdeal en moet je uit de weg geruimd worden.

Ik vraag me af wat voor mannen dat kunnen zijn, die 's nachts op een uitgestorven parking bij een natuurgebied rondhangen. Drugsdealers, nachtvissers, biologen, boswachters, stropers, astronomen? Niemand draagt een hengel of een geweer bij zich, fluistert Berry.

Auto nummer drie. Het wordt verdorie nog druk. Saar verloochent haar terriërbloed niet en alarmkeft* erop los.

We manen haar tot stilte, het liefst zouden we met bus en al in de grond verdwijnen. Voor je het weet ben je getuige van een of andere drugsdeal en moet je uit de weg geruimd worden.

'Zullen we gaan rijden?' fluister ik. 'Gewoon ervandoor.' *Een rustige begraafplaats* klinkt ineens heel aantrekkelijk.

Ik voeg me bij Berry en zie door de spleet hoe mannen de duisternis in verdwijnen. Af en toe vertrekt er een auto of komt er weer eentje bij. En dan, maar dan zijn we echt wel een uur verder, valt bij ons eindelijk het kwartje (bij jullie was dat vast al eerder gevallen, ik weet ook niet waarom we er zo lang over deden): die mannen willen ons niet bestelen of vermoorden, niemand is met ons bezig. Ze komen hier voor elkaar.

Het bleef nog lang onrustig die nacht.

***Alarmkeffen** (ww),
Saar doet het echt.
Ze doet wel meer dingen die nog niet in de
Van Dale staan.

Zo kan ze als geen ander
springzitten (ww)
(als ze het commando 'zit' krijgt
terwijl ze superenthousiast en opgewonden is)
en is ze in het algemeen
een ongelooflijk

liefstout (bnw)
hondje.

Watten

'Had iemand een brug over, of zo?' zegt Berry. Hij wijst op een toogvormig bouwsel van grijze steen dat ogenschijnlijk willekeurig is neergezet op een plein in het plaatsje waar we doorheen rijden. Hoewel, doorheen... het is markt vandaag en de omleidingen zijn onnavolgbaar. We komen steeds weer op hetzelfde punt uit, linksom, dan weer rechtsom. Maar we vervelen ons niet, want door al dat geslinger ontvouwen zich beetje bij beetje de contouren van een bewogen geschiedenis. We zagen eerder al een prachtige oude molen op een heuvel en de resten van een abdij, en we kwamen langs een kanaal met een kade en gebouwtjes die aan alle kanten historie ademen. En nu dus deze brug, of wat het ook mag wezen, een enorm cementgrijs ornament met krullen en trappetjes aan weerszijden, pontificaal tussen de huizen.

We zijn in Watten, ook wel bekend als Waten, onderdeel van het kanton Duinkerken en een van de meest noordelijk gelegen plaatsen van Frankrijk. Watten was ooit heel welvarend, leer ik van Google terwijl we wachten voor een stoplicht. Er was hier in achttienhonderdzoveel een linnen- en juteweverij van de familie Vandesmet, die volgens de overlevering veel goeds heeft gedaan voor de arbeiders door oprichting van een pensioenfonds.

Destijds werd ook al klei gewonnen uit de nabijgelegen groeve, waar dakpannetjes van werden vervaardigd. Die dakpannenhandel floreerde. Aan het begin van de twintigste eeuw werd onder architectuur een enorme fabriek (Les Tuileries du Nord) gebouwd, een bakstenen kolos van 700 meter (!) lang, met grijze puntdaken en heel veel witte ramen. De specifieke klei die als grondstof diende werd Vlaamse klei genoemd, ook wel klyte, of, en nou komt het: 'klitje'.

– 'Waar zijn jullie dakpannen van gemaakt?'
– 'Van klitje.'

In 1960 sloot de fabriek zijn deuren en de kleigroeve van vroeger is inmiddels een beschermd natuurgebied, het Lac Bleu (Blauwe Meer).

'Bij al die bedrijvigheid horen waterwegen,' zeg ik tegen Berry, die instemmend knikt. Water is er dan ook in overvloed in en rond Watten.

We hebben het plaatsje allang achter ons gelaten als ik nog steeds bezig ben de geschiedenis door te spitten. Er hebben hier Morienen, Kelten, Romeinen en Franken gewoond, het gebied heeft drie eeuwen lang onder (zee-) water gestaan. Daarna werden er een kerk en een abdij gebouwd, die vervolgens werden geplunderd door de Noormannen. Ook Fransen en Vlamingen hebben om deze plek gevochten. De Vlamingen wonnen in eerste instantie, Watten kreeg stadsrechten, maar uiteindelijk heeft het leger van de Franse Karel de Zesde (*Charles le Fou* – Karel de Waanzinnige) de boel hier volledig gesloopt en afgebrand. De overlevenden hebben het stadje weer opgebouwd. Daarna namen Engelse jezuïeten hun intrek in het klooster en toen kwamen de Spanjaarden. In de jaren erna bleef het onrustig en viel Watten wisselend onder Frans en Spaans bestuur. Dat getouwtrek zal niet heel fraai zijn geweest, maar sinds het Verdrag van Nijmegen hoort Watten bij Frankrijk.

Ik ga noodgedwongen met zevenmijlslaarzen door de geschiedenis, want met wat er in dit ene plaatsje allemaal is gebeurd kun je een tiendelige encyclopedie vullen.

Al die oorlogen, branden, plunderingen, de opkomst en ondergang van verschillende religies, ondernemingen, de verschillende talen, nationaliteiten, al die levens hier, alle gezinnen die hier woonden en hun best deden om het hoofd boven water te houden – soms letterlijk...

Berry schraapt zijn keel. 'Es, niet om het een of ander, maar ik heb een beetje het gevoel alsof ik met de Van Rossems op pad ben.'

'Is dat een aanbeveling?'

Hij haalt zijn schouders op. 'Thuis kun je ook lezen.'

Ik leg mijn telefoon weg en richt mijn blik naar buiten, waar het landschap meer glooit dan zojuist en de zon hoog aan de hemel staat te branden.

'Ik heb een beetje het gevoel alsof ik met de Van Rossems op pad ben.'

In stilte kauw ik nog een beetje na op alle informatie. De geschiedenis van Watten is uniek, maar er bestaan ongetwijfeld duizenden andere plaatsen waar door de tijd heen zoveel is gebeurd dat je er boeken over kunt volschrijven, en waarvan je zelfs dan de complete historie

Tuilerieën

Tuile (spreek uit als twie-le)
betekent dakpan.
Dakpannen worden gemaakt in een
dakpannenbakkerij:
een *tuilerie* (twie-le-rie).

Als je in Parijs bent geweest dan ken je vast de Jardin des Tuileries.
Dat is een lange, parkachtige tuin (tussen het Louvre en de Place de la Concorde) die ooit hoorde bij het Palais des Tuileries, gebouwd in de zestiende eeuw in opdracht van Catharina de' Medici op de plaats waar vroeger een dakpannenbakkerij stond.

Het dakpannenbakkerijpaleis werd in 1871 tot de grond afgebrand door Parijse revolutionairen ☹
De tuinen zijn er gelukkig nog wél.

Tuile wordt ook gebruikt in de betekenis van pech, misrekening:
'C'est la tuile ça!'
('Wat een tegenvaller!')
'Il m'est arrivé une tuile.'
('Ik heb zo'n tegenvaller gehad/Er is me iets ergs overkomen.')

nog geen recht doet. Soms zijn daartoe pogingen gedaan, en zijn er geschriften, inscripties en tekeningen bewaard gebleven, soms werd alles weggevaagd door een natuurramp of zette simpelweg de tijd haar tanden erin. En die plaatsen liggen zeker niet alleen hier in Europa. Die zijn overal op de wereld te vinden waar mensen wonen, of gewoond hebben.

Het stemt nederig.

We zijn maar passanten, we vormen met z'n allen een nietig onderdeel in de lange geschiedenis van de mensheid op aarde. Pluisjes zijn we. Pluisjes in de wind.

En dat is prima.

Het hier en nu, dat is waar we zijn, en dat is waar deze hele reis over gaat. Niet te veel nadenken over wat is geweest, niet nadenken over wat er nog gaat komen.

'Ik begin trek te krijgen,' zegt Berry. 'Zullen we hier ergens gaan lunchen?'

'Goed plan.'

Die ene brug in Watten, of wat voor vooroorlogs ogend bouwsel het ook was op dat plein, zal een mysterie blijven.

Leuke Fransen

Het terrasje ziet er niet bepaald uitnodigend uit *(Alweer niet? Nou, als alles op rolletjes loopt is het minder leuk om erover te schrijven)*, maar we zijn allang blij dat we zitten, want het is al halftwee als we neerstrijken. En dat is aan de late kant.

Het wemelt in Frankrijk van de ongeschreven sociale wetten, en behoorlijk wat (plattelands-)Fransen raken danig van de leg als je je daar eenzijdig aan onttrekt. Je geeft bijvoorbeeld iemand een hand, en merkt dat de ander daarvan schrikt. *How come?* In een streek waar zoenen onder buren, vrienden en kennissen-van-vrienden gebruikelijk is *('faire la bise')* houd je die ander er letterlijk en figuurlijk mee op afstand. Je zegt zonder woorden: 'Ik moet jou niet!'

De uitspraak *Ordnung muss sein*
mag dan de Duitse volksaard definiëren,
de Fransen kunnen er ook wat van.

Zomaar neerploffen in een restaurantje of op een terras is ook een beruchte culturele faux pas. Je 'hoort' te wachten tot iemand van de bediening je ontvangt en naar je tafel begeleidt, óók bij een veredelde snackbar. Ik heb in achttien Dordognese zomers (daar staat ons Franse huis) met enige regelmaat Nederlanders boos van een terras zien weglopen omdat ze genegeerd werden: 'Dat arrogante @*%-volk heeft een hekel aan Nederlanders.' En de bediening dacht: zulk onbeschoft volk heb ik liever niet in m'n tent.

Eten is sowieso heilig, en de lunch al helemaal. In het noorden willen ze nog weleens buiten bij een *friterie* een patatje/frietje (streep weg wat zeer doet aan je ogen, ik wil hier geen discussie over) scoren. Maar in de rest van het land wordt zittend gegeten, en niet even gauw, nee, minstens een uur. De lunch is voor de Fransen de belangrijkste maaltijd van de dag. En daar gelden vaste tijden voor.

Lunchen doe je van twaalf tot twee. Het mag eens een kwartiertje, halfuurtje uitlopen, maar daarna moet je doorgaans toch echt ergens anders naartoe. Want de uitspraak *Ordnung muss sein* mag dan de Duitse volksaard definiëren, de Fransen kunnen er ook wat van.

Dus als onze serveerster om kwart over twee, terwijl we nog aan het eten zijn, de rekening op tafel mikt en stoelen om ons heen begint op te stapelen, vat ik dat niet persoonlijk op. Zeker niet in dit landelijke gebied, waar nauwelijks toeristen komen.

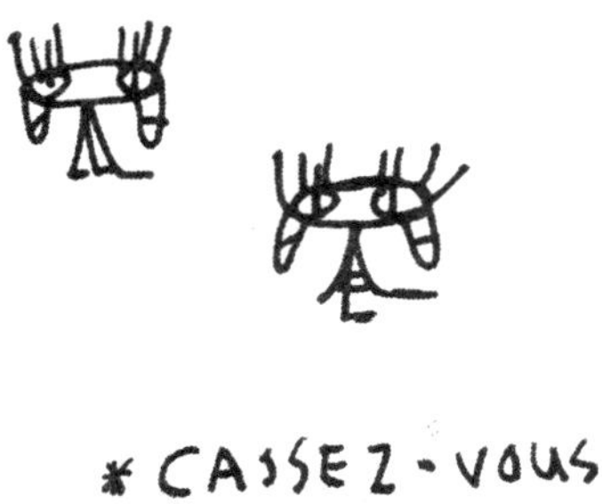

Aan het tafeltje naast ons zitten nog vier plakkers. Fransen. Vader en moeder met hun volwassen zoon en schoondochter, schatten we zo in. We hebben elkaar al een paar keer vriendelijk toegeknikt en raken nu aan de praat.

Bij het oudere stel, zeventigplussers, zit bij allebei een bol kapje met witte tape over één oog geplakt. Monsieur en madame, bijna vijftig jaar samen, zijn op dezelfde dag aan hun oog geopereerd, vertellen ze. De man aan het linker-, zij aan het rechteroog. Bij madame is alles goed gegaan. Bij monsieur niet.

'Als ik het kapje afdoe, zie ik alles dubbel,' roept hij, en hij prikt met zijn wijsvinger naar zijn vrouw. 'Haar ook. Ik zie háár ook dubbel.'

'*Encore mieux*,' reageer ik. 'Nog beter, toch? Twéé vrouwen!'

Dat was blijkbaar al te naïef.

Zijn gezicht betrekt. 'Nou, ja...' mompelt hij.

Hij zoekt steun bij Berry en er volgt een beladen stilte van enkele seconden. Een zwijgende verstandhouding die, naar ik nu vermoed, alleen zéér lang getrouwde mannen begrijpen.

De man zucht diep.

Berry zucht ook.

Als een serveerster om kwart over twee, terwijl we nog aan het eten zijn, de rekening op tafel mikt, vat ik dat niet persoonlijk op.

Pas nadat het terras om ons heen is schoongeveegd en de ramen zijn geboend, nemen we afscheid van elkaar. Onze cultuur en achtergronden mogen dan op punten danig verschillen, sommige dingen zijn overal hetzelfde, denk ik als we weer in de camperbus stappen.

Research in de coulissen

Na de half doorwaakte nacht op de mannenontmoetingsplek zijn we allebei niet zo fit. We besluiten om voor deze ene keer van onze wilde plannen af te wijken en vannacht te gaan slapen op een enigszins gereguleerde, geasfalteerde camperplaats. Vaak vind je die in of bij een dorpskern, zitten er een bakkertje en een Bar-Tabac op loopafstand, en meestal kun je er water tappen en je afvalwater (in kampeertermen 'grijs water') en ander vuil lozen. Camperplaatsen als deze worden als service door de gemeente aangelegd en bijgehouden. Je hoeft niet te betalen, er staan geen hekken omheen en er loopt geen campingbaas rond.

Ik heb voor even genoeg avonturen beleefd,
ik wil slapen.

Je kunt er blind van uitgaan dat er niets bonnefooierigs is aan zo'n standplaats. We zijn er genoeg voorbij gereden: ongebutste witte campers met een weldoordacht interieur en meneren in geruit overhemd bepalen er het beeld. Prima. Ik heb voor even genoeg avonturen beleefd: ik wil slapen.

Ik duik weer in mijn telefoon en ga op zoek. Dat ik de helft van de tijd met mijn telefoon in mijn hand zit, begint me onderhand tegen te staan. Maar ik kan niet zonder: mijn mail, contact met thuis, navigatie, het weer, social media... Daar komt nu bij dat ik dagelijks algauw een uur besteed aan het zoeken naar overnachtingsplekken en leuke lunchtentjes. (Andere mensen kunnen dat vast sneller, ik ben namelijk behept met een hoge C*.) Door al die schermtijd begin ik het ouderwetse kaartlezen te missen. En de gidsen met bed-and-breakfastadresjes waarmee we als twintigers kriskras door Engeland reisden. Ook leuk: mensen van vlees en bloed op straat aanspreken om de weg te vragen.

Je was vroeger zoveel vrijer op vakanties, herinner ik me, volledig ontkoppeld van thuis.

Maar Normandië – ja, we zijn er nu eindelijk – is nog steeds even prachtig als in mijn herinnering. Mooier misschien nog wel. We rijden over smalle weggetjes tussen aarden wallen met hoge, dichte heggen erop, waarachter

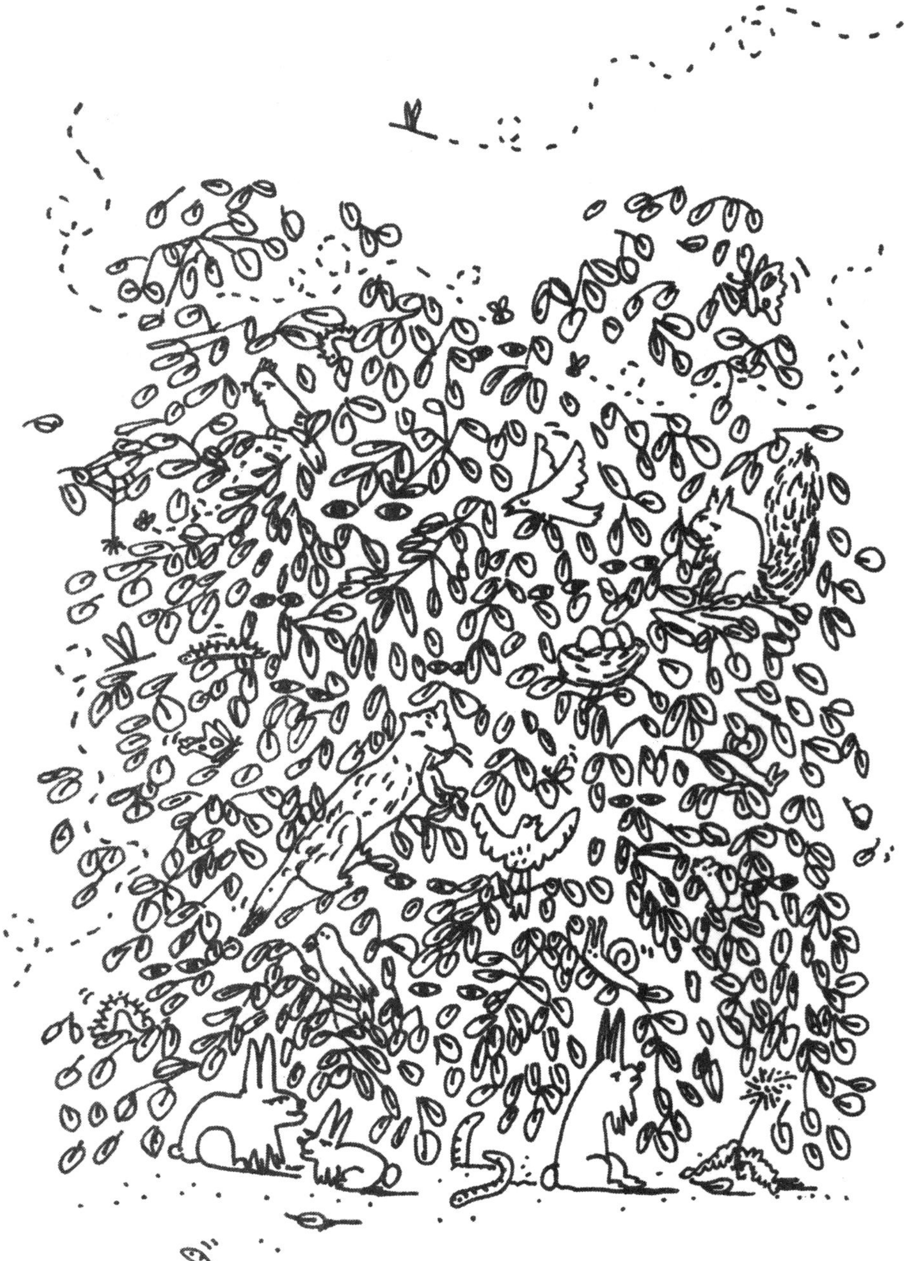

zich af en toe een groen heuvellandschap ontvouwt met prachtige Normandische boerderijen in vakwerkstijl.

Die heggen bestaan uit een mix van meidoorn, haagbeuk en veldesdoorn, en zijn – ik kan het googelen niet laten – aangelegd om het vee binnen de perken te houden in een tijd dat het prikkeldraad nog niet was uitgevonden.

'Wat zou het geweldig zijn als we hier in Nederland meer van zouden hebben,' zeg ik tegen Berry, die het roerend met me eens is. Zo'n coulissenlandschap is niet alleen hartstikke mooi om te zien, maar ook supernuttig. Hazen en hermelijnen vinden er beschutting, talloze vogels nestelen erin en bijen doen zich tegoed aan de nectar. De *bocages* barsten gewoonweg van het leven. 'Ze werken ook vochtregulerend voor de bodem en geven verkoeling,' lees ik hardop voor. 'Wist je dat ze in de Tweede Wereldoorlog –'

'És...'

Ik stop mijn telefoon weg. 'Je hebt gelijk.'

'Genieten, jij!'

Dat klonk gebiedend, maar daar kan hij niets aan doen. Berry scoort hoog op het D-profiel*.

*Hoge C

Mijn hoge C is ooit uit een DISC-test
komen rollen.
DISC is een methode waarin mensen in
4 verschillende gedragsstijlen
(D, I, S en C) worden ingedeeld.
Scoor je hoog op één stijl, dan wordt dat in
jargon een hoge C, D etc. genoemd.

D Staat voor 'Dominant'

Dit zijn vastbesloten leiders, ongeduldige doeners; de aanjagers.

I staat voor 'Invloed'

Enthousiaste, optimistische, levendige mensen met een groot netwerk; de verbinders.

S staat voor 'Stabiel'

Dit zijn rustige, gevoelige, dromerige mensen; de harmoniebrengers.

C staat voor 'Consciëntieus'

Zorgvuldig, gedisciplineerd en analytisch; de researchers.

DISC-testen worden veel afgenomen in het bedrijfsleven. De gedachte erachter is dat je met een team waarin alle kwaliteiten aanwezig zijn meer voor elkaar krijgt én prettiger samenwerkt.

Het geregelde camperleven

De geasfalteerde camperplaats overtreft onze verwachtingen. 'Joehoe!' roep ik. 'Uitzicht!' Niet te zuinig: een Teletubbie-landschap zo ver het oog reikt.

Eeuwenoude bomen markeren de *site de camping car.* Er staan een stuk of tien campers op, met Franse kentekens en keurig in het gelid, en ook de geruite overhemden zijn in overvloed aanwezig.

Als we het terrein oprijden komt er meteen een rondbuikige monsieur op ons af. Hij glimlacht alleraardigst, maar zijn boodschap is streng: het asfalt is gereserveerd voor een groep Fransen die dit weekend hier samenkomt. Nou ja zeg, denk ik, een gratis plaats zonder toezicht, en dan nog voelt iemand zich geroepen om hier de dienst uit te maken. Maar goed, we mogen blijven van monsieur, alleen dan graag wel in het gras ernaast.

Prima. Niet in de rij, maar als enigen in een weide met bloemen, appel- en pruimenboompjes. En het uitzicht is hier al even fenomenaal.

Later komt er nog een hippie-achtig kampeerbusje het terrein op gehotst. Er rollen drie kindjes uit, twee honden en een chaotisch ogende moeder van in de dertig. Terwijl zij een potje kookt voor het hele spul spelen de honden en kinderen in de wei, en wij zitten eerste rang. Bij het ondergaandezonspektakel haal ik nog eens diep adem. Het leven is meer dan goed.

En de nacht? Superrustig.

Wij zitten eerste rang bij het ondergaande zonspektakel.

De volgende ochtend wandelt Berry opgewekt naar het toilet met drinkwaterkraan en raakt daar aan de praat met de Franse mannen. '*Puis-je vous demander quelque chose?* – Mag ik u iets vragen?' vraagt hij aan een van hen, en meteen springen er nog vier op van hun campingstoelen om dat jonkie met zijn gebutste bus eens even wegwijs te maken.

Het blijken allemaal stellen te zijn die hier staan. En allemaal zestigplussers – in Frankrijk mag je op je tweeënzestigste met pensioen – die een groot deel van het jaar *en route* zijn. Berry krijgt een uitgebreide uitleg over het lozen van afvalwater, cassettetoiletten en wat voor methodes er allemaal zijn om je camper waterpas te zetten. Het wordt ook getoond en voorgedaan. Er is zelfs een camper bij die zichzelf volautomatisch stelt. Indrukwekkend goed uitgedacht allemaal. Komen wij aan met onze plastic oprijblokken.

Maar de groep blijkt nog wel te navigeren met papieren landkaarten, en informatie over de camperplekken halen ze uit kampeertijdschriften en boekjes, beduimeld en vol met aantekeningen. Aan apps doen ze niet. Het blijft ons verbazen, hoe weinig Fransen er vergroeid zijn met hun telefoon zoals wij. WhatsApp zegt hen niets. Ze sms'en nog.

Vandaag gaan ze met z'n allen naar het zondagmarktje, vertellen ze, dat wordt gehouden in het aanpalende dorp. De rest van het weekend blijven ze fijn hier, daarna trekken ze verder, langs de kust naar het zuiden.

Als Berry hun vertelt dat we op de weerapp hebben gezien dat er vanmiddag langs de kust onweer wordt verwacht en het daarna nog een paar dagen zal blijven regenen, zijn ze niet onder de indruk. Ze hebben een route uitgestippeld en willen daar niet van afwijken. Bovendien zijn ze prima ingesteld op regen. Kaartspellen, de satelliet-tv, stapels boeken, ze hoeven zich geen seconde te vervelen.

We kopen brood bij het bakkertje op de hoek, zwaaien de lieve Franse campers uit en vervolgen onze weg. Landinwaarts. De zon achterna.

Nooit meer naar huis!

Het is al een dag of drie, vier achter elkaar heerlijk weer, er is geen drup uit de hemel gevallen en we hebben geluk met de standplaatsen. Inmiddels heeft ons ritme zich aangepast aan dat van de natuur.

'Vijf uur en ik ben klaarwakker. Het wordt steeds gekker,' hoorde ik Berry vanochtend naast me zeggen. Ik lag toen al een poosje na te denken over de plot van het verhaal voor achter in deze bundel, en te luisteren naar het vogelconcert.

Eigenlijk heb je
naast goed gezelschap
niet zo heel veel nodig.

Het is de tweede dag op dit plateau, een min of meer afgevlakte heuveltop met rondom vrij zicht op korenvelden. Geen kerktorens of huizen, er is hier al die tijd geen mens voorbijgekomen. Wel hebben we een hert gezien, dat misschien nog verbaasder was dan wij, en niet eens echt bang.

Als ik van mijn boek opkijk zie ik zwaluwen over het korenveld scheren. We horen de metalige roep van een fazant, en in het bos heuvelafwaarts klinkt een koekoek.

Nederland voelt ineens zo ver weg. Wat doen we onszelf eigenlijk aan, schiet het door me heen: we kopen een huis, zitten dertig jaar vast aan de hypotheek. We maaien het gras, snoeien de haag, lappen de ramen, schilderen het houtwerk, stofzuigen, poetsen, dweilen... De godvergeten dakpannen laten we nog schoonborstelen door een gespecialiseerd bedrijf (ja, dat hebben we echt laten doen, één keer).

Waarom eigenlijk? Dit is toch prima, zo, dit busleven? We komen op de mooiste plekken, als het regent trekken we weer verder, en het belangrijkste: we hebben ineens zeeën van tijd, want de bus is in vijf minuten aan kant. Eigenlijk heb je naast goed gezelschap niet zo heel veel nodig.

Af en toe een hotelletje om te douchen en het huwelijk harmonieus te houden. Kappers heb je overal, kledingzaken en supermarkten ook. Aan het minitafeltje in de bus kan ik prima werken, en we zitten de hele reis al naar volle tevredenheid op de verstelbare strandstoeltjes.

'Als we nou eens alles verkopen en weggeven,' droom ik hardop. 'Geen huis, geen spullen, geen zorgen. Nooit meer rotweer.'

Berry klapt zijn boek dicht. 'Het wordt een keer winter, hè.'

'Dan rijden we toch door naar de Algarve, of naar de Costa del Sol?'

Dat laat hij op zich inwerken. 'Of we huren af en toe een huisje.'

'Ja!' roep ik. 'Met extra slaapkamers, dan kunnen de kinderen overkomen, en familie en vrienden.' Ik zie het al helemaal voor me. Kerst aan een lange tafel op een Spaanse/Griekse/Portugese veranda. Lachende gezichten. Zon en vrolijkheid. Geen grauwe dagen meer.

'Maar dan kan ik niet meer op de koffie bij mijn moeder,' zegt Berry. (Mijn schoonmoeder is zevenentachtig en we zien haar elke week.) 'En ik bij mijn ouders,' voeg ik eraan toe.

Dan denk ik aan de kinderen. Ze zijn groot, de deur uit, hebben hun eigen levens. Of, zoals een Franse vriendin ooit zo poëtisch zei:

'Ils sont en train d'écrire leur propre histoire.'

(Ze zijn bezig met het schrijven van hun eigen geschiedenis.)

Onze taak zit erop, denk ik stoer.

Maar ik weet dat dat niet zo is.

Het zit er nooit op voor een moeder, voor een vader, voor een familie.

Als we zwervend door het leven hadden willen gaan, hadden we al veel eerder die beslissing moeten nemen. Als in: voordat we besloten een gezin te stichten, banden aan te gaan met lieve vrienden, ons te wortelen in de Brabantse en Dordognese grond.

Berry is ook stil.

'The road we did not take,' zeg ik zacht.

'Ja,' zegt Berry. 'Maar misschien is zwerven tussen de verjaardagen door een optie?'

Dat gaan we de komende jaren onderzoeken.

The things
you own,
own you.

Godin Saartje

We kunnen amper geloven dat je hier gewoon mag staan. Dat er geen hekken zijn, geen toegangspoorten en geen kassa. Of toch tenminste mensen die de boel bewaken.

We staan pal naast een opgraving van een Gallo-Romeins theater: een mysterieuze halve cirkel van grijze steen, zeker tachtig meter breed. In het midden ervan is een ingebouwde nis, en links en rechts van de cirkel zijn resten van muren en half ingestorte, getoogde doorgangen. Misschien waren dit ooit kamers, misschien binnenplaatsjes; van het informatiebord bij de ingang worden we niet veel wijzer.

We wandelen met de honden over het zonovergoten terrein, zetten Saar in het nisje – het zit bij ons op borsthoogte – en maken een foto. Ze poseert gewillig. Zo schattig!

Buiten een jong Duits stel met gitaar en hond – Sea Shepherd-sticker achter op hun minstens vijftig jaar oude busje – is hier niemand.

De rest van de dag brengen we lezend door in de schaduw van een lindeboom. We kijken uit over glooiende korenvelden en een dorpje; de torenspits van het kerkje piept daarachter boven het goudgele graan uit. Dit is een van de mooiste plekken waar we ooit hebben gestaan, zeggen we tegen elkaar. (De lijst met mooiste-plekken-ooit wordt steeds langer.)

Afgezien van een jong Duits stel met gitaar en hond – Sea Shepherd-sticker achter op hun minstens vijftig jaar oude busje – is hier niemand op deze zomerse maandag, en dat blijft zo. Het Duitse meisje, gekleed in bikini, speelt op haar gitaar en zingt erbij, de jongen – korte broek en *man bun* – luistert aandachtig. Wij eten stokbrood met hummus en twee gekookte eitjes en trekken een fles cider open. Het leven is hartverscheurend mooi.

De zon zakt weg achter het korenveld en maakt er een spektakel van in rood, oranje, neonroze en violet. Begeleid door het getsjirp van de krekels komt een indrukwekkend grote volle maan op, die het vervallen theater in een blauwige gloed zet. Een oudheidkundig spookslot pal naast de deur, denk ik. Maar dan zonder gegriezel, want het is vooral mysterieus en indrukwekkend.

'Volgens mij is dat een supermaan,' zegt Berry.

We blijven nog een uur zitten, in onze strandstoeltjes, luisterend naar de krekels en het zachte ruisen van het koren met de honden slapend aan onze voeten. Dan schuift er een wolk voor de maan. Het koelt af, of misschien merken we het nu pas, en het is ook wel heel donker ineens. De Duitse buren zijn al een poos stil; die hebben vermoedelijk hun bed opgezocht.

We zetten de spullen terug in de garage, laten de honden een plas doen, wassen af, poetsen onze tanden... hebben we alles? Opladers, boeken? Via het aanrecht klimmen we op het bed. Hm, deze keer liggen we best wel vlak. We krijgen het wel een keer onder de knie.

Ik ga toch nog even googelen. Op de Franse Wikipedia lees ik dat in dit uitgestrekte agrarische gebied ooit een stad was van 130 hectare groot. We slapen hier naast de resten van een theater dat plaats bood aan vierduizend personen. Vierduizend. Dat zijn serieuze aantallen. De mensen kwamen hier vooral kijken naar toneelvoorstellingen, maar het theater werd ook gebruikt voor publieke bijeenkomsten en religieuze diensten. Vlakbij is een necropolis ontdekt, lees ik, en er zijn thermale baden opgegraven. De *site* is zo uitgestrekt dat de opgravingen al ruim zeventig jaar voortduren, en nog steeds worden

Supermaan

Hoe oud was jij toen je erachter kwam dat zo'n
slechts drie, vier keer per jaar voorkomende
supermaan
helemaal niet extra groot is, maar gezichtsbedrog?
En dat hij (of zij) weer normale proporties krijgt
als je hem (of haar) ondersteboven bekijkt?

Wij 55 en 53!

er nieuwe dingen ontdekt. 'Ons' theater is tot nu toe de mooiste én best geconserveerde vondst.

En dan komt het. *Dit theater wijkt af van alle andere vondsten uit deze periode vanwege een specifiek nisje.* Vlak voor het nisje is een altaar opgegraven waarop offerrituelen zouden hebben plaatsgevonden. *Een offerbank*😮 🏃 💀.

Aangenomen wordt dat er in die nis een afgodsbeeld heeft gestaan, dat uitkeek op het altaartje.

Mijn fantasie schotelt me beelden voor
van priesters in het wit, van bloed en
bange mensen…

Van Gallo-Romeinen is bekend dat hun goden en de geestenwereld een grote en belangrijke plaats innamen in hun dagelijkse leven. Dierenoffers en strikte rituelen waren daar onlosmakelijk mee verbonden. Op de nabijgelegen necropolis zijn veel vondsten gedaan van dierenresten die dat onderbouwen. Als ik verder lees, blijkt dat er vermoedens zijn dat het niet altijd bij dieren is gebleven.

Mensenoffers, *really?*

Mijn fantasie draait inmiddels op volle toeren. Die schotelt me beelden voor van priesters in het wit, van bloed en bange mensen... Het moet hier in de oudheid een heel heilige plek zijn geweest, en behoorlijk griezelig ook.

En nu staan wij hier, met de camper. Ik voel me net als in Watten weer een vliegje in de tijd, een futiel pluisje.

Dan scrol ik nog eens door de foto's die we eerder vandaag hebben genomen. Saar in de nis.

"*Godin Saartje*"

'Moet je dit horen,' zeg ik, en ik stoot Berry aan. Maar hij is al in dromenland.

'IT IS MY WAY,
OR THE HIGHWAY, BITCHES...
NO ONE COMES THROUGH JUPITER
EXCEPT THROUGH ME!'

Redder in nood

Ik ben geen fan van de bovenste helft van Wallonië. Mogelijk is dat genetisch, want ik heb voorouders die ervandaan komen (en er weggetrokken zijn). Los daarvan heeft Wallonië de pr niet best op orde: er komen nu eenmaal maar weinig leuke berichten uit die hoek.

Ik wil alleen maar zeggen: ik wil daar nog niet dood gevonden worden, en om dat te voorkomen wil ik er zo min mogelijk tijd doorbrengen.

'Boven Brussel langs, onder Brussel door?' vraagt Berry. De navigatie staat uit, we nemen deze keer de snelweg om op tijd thuis te zijn. Vanaf morgen is de agenda weer leidend.

'Nou, helemaal niet in de buurt van Brussel,' antwoord ik.

'Te laat. Via Gent is te ver om.'

'Rij maar gewoon,' zeg ik gelaten.

En dan ineens, op de snelweg tussen Charleroi en Namen, horen we een knal. De bus begint te zwalken en maakt rare, metalige geluiden. Alsof de duivel ermee speelt. Probleemloos hebben we duizenden kilometers afgelegd, en dan gaat het net hier fout.

Berry stuurt de bus naar de smalle vluchtstrook en parkeert hem zo'n beetje tegen de vangrail aan. Er is zo weinig ruimte. Auto's en vrachtwagens razen ons rakelings voorbij; de bus maakt bij elke passant een zijwaartse beweging.

'Lekker dan,' mompel ik.

Achter in de bus roeren de honden zich. Ze schudden zich uit, piepen zachtjes. *We zijn gestopt, dus we gaan eruit, leuk!*

Probleemloos hebben we duizenden kilometers afgelegd, en dan gaat het net hier fout.

Berry stapt met gevaar voor eigen leven uit om te kijken wat er mis is. 'Klapband,' zegt hij, als hij zich weer in de cabine heeft gewrongen. 'Helemaal aan flarden. Klotezooi.'

De honden staan kwispelend bij de schuifdeur.

Gelukkig zijn we verzekerd tegen dit soort ellende. Ik bel het nummer van de verzekering en krijg een vriendelijke mevrouw aan de lijn die zegt dat ze me terugbelt zodra ze een oplossing voor ons heeft.

'Wanneer is dat, denkt u?' vraag ik.

'Niets van te zeggen, sorry, het is erg druk momenteel.'

Een halfuur later komt het verlossende telefoontje: er is een *garagist* uit de regio gevonden die ons komt helpen. Maar hij kan niet meteen komen, het kan wel een uurtje aanlopen...

Nog een úúr? De bus blijft heen en weer schokken van het voorbijbulderende vrachtverkeer.

Aan de andere kant van de reling is een groenstrook met een boom en een elektriciteitshuisje, daarachter een hoge muur. We klimmen via de bijrijderskant uit de camper en halen de stoeltjes en het tafeltje uit de garage. De honden binden we vast aan de boom, we geven ze wat lekkers voor de troost en halen voor onszelf het koelkastje leeg.

Wat een picknick is dit; in de dieselwalmen, tussen lege blikjes en andere vuilnis, met de snelweg op een paar meter afstand. Een wijntje is er dus niet bij. En dan, alsof het allemaal nog niet erg genoeg is, begint het te regenen. We schuilen met de honden onder de boom. Wallonië, het wil maar niet vlotten met die pr.

De redder in nood meldt zich een uur later. Een berg van een kerel met handen als spades. Hij spreekt ook een beetje Nederlands. Ik doe angstvallig mijn best om het bij Frans te houden, want ik heb ooit begrepen dat de mensen in Wallonië aan hun Frans hechten, en deze man is alles wat we hebben om uit de ellende te komen.

Hij sleept de bus met ons erin naar een tankstation verderop en gaat opgewekt aan de slag. De kapotte band (die totaal aan flarden is) haalt hij eraf, en hij legt er een nieuwe op. Het gaat best snel en de man is hartstikke vriendelijk.

In de garage onder het bed heb ik nog een paar doosjes wijn. Misschien kan ik hem blij maken met een flesje.

'Houdt u van wijn?' vraag ik.

Hij glimlacht allervriendelijkst en legt een hand op zijn aanzienlijke buik. 'Madame, ik hou van álle alcohol!'

Tja, Wallonië, denk ik, hoe kan het ook anders, dat krijg je ervan als je hier woont.

Maar misschien, heel misschien, moet ik mijn vooroordelen bijstellen.

Deze ontmoeting is in elk geval een mooi begin.

Weer thuis

Het is schrikbarend hoe snel we gewend zijn geraakt aan het leven in de bus. Nu we ons huis in stappen, voel ik me een beetje als een personage uit *Honey, I Shrunk the Kids*. Het is onwennig. Een eettafel voor acht mensen, een megabank voor een mega-tv (in de bus keken we quizjes op de telefoon), een toilet waarin je een opengeslagen krant kunt lezen en een idioot grote koelkast. Ik draai als een blij ei rondjes om mijn as, mijn armen gespreid: 'Kijk dit nou, kijk dit nou!' roepend. 'Ik raak niks!' (Zelfs geen vaasje; dat had ik makkelijk kunnen schrijven, dat ik een vaasje van tafel tikte, maar ik ga er niet over liegen.)

En wat is het hier lekker koel, wat voelt de grond stabiel onder onze voeten. Alles is waterpas, dat merk je zonder app ook wel.

In de dagen erna wennen we geleidelijk weer aan de routine zoals die was voordat we in ons *ultratiny house* op wielen rondtrokken. Languit op de megabank naar de mega-tv kijken, genieten van de snelle wifi, de (binnen!) douche en natuurlijk het bad.

En dan begint het te knagen.

Als je rondtrekt horen ontmoetingen onderweg daar onlosmakelijk bij. We kwamen de hele dag door in gesprek met mensen van allerlei pluimage, of we die nou opzochten of niet. Terug in Nederland zit iedereen in de collegebanken of is aan het werk, en wij zijn (en werken) thuis. Zelfde plaats, zelfde uitzicht. Elke dag weer.

Onze voetstappen echoën door het lege nest. Aan de ene kant geniet ik intens van het comfort dat het huis biedt, en van de rust, maar aan de andere kant... ja, ik mis de dynamiek van het onderweg zijn.

Ik heb het gevoel dat de volgende reis niet lang op zich zal laten wachten.

DEAUVILLE

1

'Meen je dat nou? In een camper, met z'n tweeën? Je kent hem nauwelijks.' Femke kijkt me aan alsof ik zojuist heb verteld dat ik op slippers de Kilimanjaro ga beklimmen.

'Ik ken hem goed genoeg om te weten dat het leuk gaat worden.'

Femke port met haar rietjes in de Aperol Spritz. In het zonlicht lijken de bubbels neonoranje; dezelfde tint als de lak op haar nagels. 'Hé, je bent een volwassen vrouw, Rianne, je moet het zelf weten, maar...'

'Maar wat?'

Ze lurkt aan het drankje en schudt haar hoofd. 'Het gaat me niet aan. Sorry. Het is alleen dat hij...' Haar ogen dwalen af. Er komt een sloep aangevaren met een groep luidruchtige mannen erin. 'Please, vaar door,' mompelt ze.

Mijn vriendin en ik zijn neergestreken op een van de mooiste terrassen van de stad: pal aan de Dommel, met een aanlegsteiger over de hele lengte en zicht op de brug die het centraal station met de historische binnenstad verbindt. Aan de overkant van het riviertje nemen enorme treurwilgen deels het zicht op de oude herenhuizen weg, de twijgen hangen in de stroming.

'Lieverd...' Over het tafeltje vindt Femkes hand de mijne. 'Begrijp me niet verkeerd, maar jij bent bijna vijftig en hij is –'

Ik trek mijn hand terug. 'Als het andersom was geweest, had je er niets over gezegd.'

'Da's niet het enige, je snapt wat ik bedoel. Shit.' Ze zet haar bril weer op. 'Gedaan met de rust.'

De sloep meert aan, de mannen springen er achter elkaar uit en verspreiden zich over het terras. Aan de kleding en hun gedrag te zien is dit een bedrijfsuitje. Toeristen en dagjesmensen zijn een vast onderdeel van het dagelijkse straatbeeld geworden.

Dat was vroeger niet zo. Toen ik op mijn achttiende uit Den Bosch vertrok om te gaan studeren in Nijmegen, liet ik een slaperige provinciehoofdstad achter. De bijzondere combinatie van de mystieke sfeer en gemoedelijkheid die de stad uniek maakt, zag ik toen helemaal niet. Maar er was wel meer dat ik niet zag. Best vreemd, hoe goed je jezelf soms voor de gek kunt houden. En hoe hardnekkig overtuigingen zich in je wezen kunnen verankeren.

Dertig jaar lang.

Dertig jaar.

Na de scheiding van Job heb ik mijn geboortestad herontdekt, en sinds kort woon ik hier weer, in een kleine studio op loopafstand van mijn ouders. Terug op het nest, terug naar af. 'Een ervaring rijker, een illusie armer,' wreef mijn vader me laatst nog fijntjes in.

'Nee, Fem.' Ik sla mijn benen over elkaar en zet mijn zonnebril op. 'Ik snap niet wat je bedoelt. Dus leg het maar even uit.'

'Hij is –'

'... te knap en te jong voor mij?' Mijn toon is scherp. 'Als Anouk met een vent van in de twintig trouwt dan is ze een stoer wijf, maar Rianne moet normaal doen.'

Ze wappert geïrriteerd mijn woorden weg. 'Tuurlijk niet. Maar je bent pas drie keer met hem op date geweest.'

'Vaak en lang genoeg om te weten dat hij leuk is.'

'Ik heb geen goed gevoel bij die vent, oké? Ja, hij is een lekker ding, ja, hij is lief voor je, maar ik vind het raar dat hij niet wil dat je een foto van hem maakt. Dat doe je toch, als je verliefd bent? Selfies maken samen?'

'Hij heeft daar gewoon een hekel aan, dat kan toch? Chris wil in het moment leven.'

Ze tuit haar lippen alsof ze wil zeggen: *'Yeah, sure.'*

Een ganzenfamilie peddelt naar de vlonder, de dieren kijken ons met een scheef kopje aan. Ik pluk stukjes van het stokbrood en werp het ze toe.

'Goed. Prima,' klinkt het naast me. 'We hebben het er niet meer over. Ik hoop dat ik ongelijk krijg. Maar als hij toch een of andere gek blijkt te zijn, beloof je me dat je dan éérst 112 belt en daarna metéén mij? Ik kom je halen, waar je ook bent, al is het midden in de nacht. En app me, zodat ik weet waar jullie zijn. Oké?'

Ik tik mijn glas tegen het hare. 'Beloofd.'

2

Eigenlijk best stom dat ik geen weekendtas heb, maar het is te laat om er nu nog een te gaan kopen. Ik zet een canvas boodschappentas opengevouwen op bed en trek mijn kledingkast open.

Het leeuwendeel van mijn door Job zo bejubelde tijdloze garderobe heeft de verhuizing uit Nijmegen niet overleefd. Ik heb de hele boel in zakken gepropt en in kledingcontainers gemikt. De wandelschoenen en Spaanse laarzen van onverwoestbaar leer erachteraan. Klaar ermee. Donkerblauw en zwart eruit, rood, beige en roze erin. Vrienden wisten niet wat ze zagen toen ze me met suède laarsjes in een festivaljurkje zagen lopen. 'Rianne, ben jij dat? Je lijkt wel tien jaar jonger!'

De kinderen waren minder lovend. Ze zijn het voorspelbare moeke gewend dat ze konden uittekenen in een jeans met vest, het moeke dat de helft van de tijd niet eens make-up droeg 'omdat ze dat allemaal niet nodig had'. En nu ineens verfde ze haar haar en volgde ze aandachtig tutorials make-up-voor-veertigplussers op YouTube. Waarom deed hun moeder niet gewoon normaal? Eerst papa dumpen en nu dit weer.

Ze lijken op hun vader, alle drie, maar ik hoop dat dat nog bijtrekt.

Natuurlijk weten zij niet dat ik aan het daten ben. Mijn ouders ook niet, en geen van mijn vrienden.

Behalve Femke.

En die maakt het me al lastig genoeg.

Chris is niet voor altijd, dat snap ik zelf ook wel. Dat heeft niets te maken met zijn uiterlijk en leeftijd, maar alles met wie hij is en met de keuzes die hij maakt. Chris zeilt vol zelfvertrouwen en niet gehinderd door enige gêne langs de rafelranden van de maatschappij, en dat is precies wat ik nu nodig heb.

Een rebound en reset ineen.

Ik bekijk mezelf in de smalle spiegel die ik aan de binnenkant van de kast heb geplakt. Houd mijn buik een beetje in en draai een kwartslag. Dit lichaam is negenenveertig jaar oud, heeft drie kinderen voortgebracht, en het mag er nog wezen.Het is nog niet te laat om ervan te gaan genieten.

Snel pluk ik jurkjes en slippers bij elkaar. Sneakers, jack. Zonnebril, zonnebrand. Make-uptas, borstel. Condooms. Wat nog meer? Chris zei dat ik niets hoefde mee te nemen. 'Als je iets nodig hebt, kopen we het onderweg wel.' Hoe relaxed sta je dan in het leven?

Terwijl ik mijn beste bh's en slips uitzoek besef ik dat de kinderen niet alleen op Job lijken. Ze lijken natuurlijk ook op mij, of in elk geval op de Rianne die ik was op hun leeftijd.

Ik was zo serieus. Altijd met mijn neus in de boeken, een bijbaantje in de bediening bij Van der Valk. Studie en werk gingen voor alles, en mijn potentiële partners koos ik uit op betrouwbaarheid en toekomstperspectief. Job stond wat dat betreft boven op de apenrots; als student hbo bedrijfseconomie kon hij snel aan de slag als financieringsspecialist bij de bank. Ik werd medisch laborant en ging parttime werken bij een grote farmaceut. We waren *solid as a rock*, Job en ik. De neuzen dezelfde kant op. Geen dure vakanties, geen gekkigheden. We investeerden in later, werkten hard voor dat droomhuis: een jarendertigwoning met een erker aan de woonkamer en een oprit van grind. Een klassieke donkergroene deur, daarnaast een koperen plaatje met onze namen erin gegraveerd:

Job en Rianne van Wezel - de Jong

Sophie, Emily & Junior

Het is ons gelukt. Naamplaatje, oprit, een laan met heggen en oude bomen. Check. Het hele plaatje compleet. Job en ik hebben ruim twintig jaar in ons droomhuis mogen wonen. Onze kinderen zijn erin opgegroeid.

Mijn leven was gelukt.

Het was perfect.

Ik denk dat de meeste mensen nog steeds zo naar ons kijken, als het perfecte gezin, zelfs al is ons huwelijk vorig jaar zomer gestrand; ze zien een koppel dat het goed heeft gedaan. Fijne baan, allemaal gezond, de kinderen studeren.

Niemand wist hoezeer ik twijfelde, en die twijfel nam alsmaar toe. Er moest toch meer zijn dan werken voor de hypotheek en sparen voor de studies van de kinderen? Meer dan spaarpotjes voor reparaties en de vervanging van apparaten, robuuste meubels en onverwoestbare wandelschoenen? We knipten elkaars haar – en ik dat van de kinderen, wat ik, al zeg ik het zelf, best goed onder de knie heb gekregen. Job ging niet buiten de deur lunchen, hij nam brood mee in een trommeltje. Ik kookte elke dag en met de feestdagen nam hij het over. Een geoliede machine, een gestage diesel. Nooit eens uit de band, nooit eens iets geks.

Het begon te wringen.

Toen ik in een daad van verzet zonder overleg een tweedehands merktasje van honderdvijftig euro had gekocht, ging Job volledig uit zijn plaat. Hij vond het 'een roekeloze, egoïstische hap uit het gezinsbudget'. Job gebruikte nog steeds de rugzak uit zijn studietijd (met buttons) en was daar nog trots op ook. 'Als je maar lang genoeg wacht, komt het allemaal weer in de mode,' zei hij tegen vrienden.

Ik vond zijn zuinigheid steeds grappig en was het als vanzelfsprekend roerend met hem eens. Tot een paar jaar geleden. Het begon bij dat tasje, of misschien was het al eerder gaan wringen. Het kwam door de kinderen, misschien. Ze leefden spaarzamer dan andere studenten – als je dat van huis uit meekrijgt, is het niet zomaar uit je systeem. Maar toch: latte macchiato, festivals, lunchen buiten de deur. Dat had ik nooit gedaan. Ik kocht alleen dat ene tasje. Een cadeautje voor mezelf, zomaar doordeweeks, omdat ik er op slag verliefd op werd. Waarom had ik mezelf zoiets niet eerder gegund? Waarom mocht ik hier van Job niet blij mee zijn? *Waarom gunde die lul mij dat niet gewoon?*

Of het nou plotseling is gegaan of geleidelijk: de betovering werd verbroken, alsof het één minuut over twaalf was op het bal en niet Assepoester, maar de prins door de mand viel.

Kort na het tasincident ging Junior als laatste het huis uit, om net als zijn zussen te gaan studeren in Utrecht. In de leegte die de kinderen achterlieten voelde ik nog minder verbondenheid met Job.

Die had niets door. Hij bestelde een museumjaarkaart voor ons beiden, want 'die heb je er na drie bezoeken al uit'. Hij berekende wanneer hij kon gaan stoppen met werken – ik kon makkelijk nog een poos door, want mijn baan was niet zo stressvol als die van hem – en hij speurde Funda af naar koopappartementjes met twee slaapkamers.

Job sorteerde voor op een rustige, verzorgde oude dag.

En ik?

Ik wilde gaan leven.

3

Bijna negen uur. Chris kan er nu elk moment zijn. Nerveus spuit ik een flinke wolk droogshampoo in mijn haar en haal de borstel er nog eens doorheen. Duw de boel met mijn vingers in model. Ooit leefde ik in de overtuiging dat wanneer je geboren was met dun, sluik haar, je daarmee moest leren leven. Dat al die producten wel een beetje hielpen, maar niet echt verschil konden maken. Inmiddels weet ik wel beter. Tevreden kijk ik in de spiegel.

Wacht, mijn voorhoofd glimt. Poeder. Poeder! Ik trek

het laatje bijna los van het badkamermeubel en vind het spul achter de tissues. Snel dep ik met het sponsje mijn voorhoofd, neus en wangen. Kijk nog eens kritisch. Ja, veel beter zo. Ik stop het doosje bij de rest van de reis-make-up. Mijn provisorische weekendtas puilt inmiddels uit. Zal Chris dit niet wat overdreven vinden? We gaan maar drie dagen weg. Aan de andere kant is drie dagen ook niet heel kort.

Mijn telefoon zoemt. Dat is vast Chris. *Staat hij al voor de deur? Doet de bel het wel?* Ik gris het toestel uit mijn handtas en open WhatsApp.

Femke: Hoe heet die Chris van achteren?

Meen je dat nou, Fem?

Rianne: Zwaluw. Hoezo?
Femke: Wat is dat nou weer voor naam?

'Doei, Femke,' zeg ik toonloos, en ik stop mijn telefoon weer weg.

Ik til de tas van het bed en zet hem alvast in de gang. Hij is zwaar, dat komt vast door het paar zwarte hakken dat ik er op het laatst nog bij heb gepropt. En het simpele, effen jurkje, voor het geval dat we toch chic uiteten gaan

– beter méé verlegen dan óm verlegen. Of overdrijf ik, en zit ik straks met mijn hakken bij het kampvuur in een donker bos?

Reizen in een camper kan eigenlijk nooit veel luxe inhouden. Enigszins verwarrend, want Chris is daar juist enorm op gesteld. Op onze eerste date nam hij me meteen mee naar een restaurant waar de ober een krukje bij me neerzette, dat voor mijn tas bleek te zijn. Toen kwam die 'roekeloze, egoïstische hap uit het gezinsbudget' toch nog even mooi van pas: ik zette hem met een brede grijns op het fluweel. Inwendig lag ik dubbel. Ik wilde er zo graag een foto van nemen, maar dat deed ik niet, bang om over te komen als een of andere suffe muts. Chris zou het niets hebben uitgemaakt, denk ik, hij kent sowieso weinig schaamte en vond mijn reactie op alle luxe wel grappig.

Mijn telefoon zoemt weer. Ik pak hem nijdig op.

Femke: Komt hij uit Canada?
Rianne: Nee, Vinkeveen.
Zit je hem nou te stalken???
Femke: Googel jij je dates nooit? Jezus. Rian, hij bestaat niet op internet. Weird.
Ben je weleens bij hem thuis geweest?

Wat denkt zij allemaal?

Waarom dramt ze zo door? Ik ben haar kind niet.

Femke: Oké, lieverd, check zijn rijbewijs als je kunt.

In een opwelling zet ik haar op *mute*. Acht uur geen gezoem en gezeur van Femke.

En nee, ik ben niet bij hem thuis geweest.

Rotvraag.

4

Vijf voor halftien. Er wordt geclaxonneerd in de straat. Ik hang mijn schoudertas om, pak de volgepropte boodschappentas van de vloer en sluit de deur af. Via het betonnen trappenhuis haast ik me naar beneden.

Mijn handen trillen en het zweet is me uitgebroken. Voordat ik naar buiten stap, blijf ik even in het schemerige halletje staan. Diep inademen, even vasthouden, langzaam uitademen, vasthouden. Het werkt altijd, maar nu niet. Het is ook niet zomaar iets, wat ik ga doen. Zoiets avontuurlijks. *Roekeloos.*

De oude Rianne had dit niet eens overwogen.

Maar de oude Rianne was ook nog nooit op Tinder geweest.

Chris' trots is een omgebouwde transportbus, wit met blauwe sierstrips en met een hoog, smaller toelopend dak. Er zit een langwerpig, geblindeerd raam in de zijkant en bovenop zie ik dakraampjes en zonnepanelen. Hij heeft me eerder foto's laten zien van de binnenkant: wit, donkerblauw, naturel hout. Alles zelf gemaakt, samen met een vriend. Kastjes, lades, een zitje, een bed. Zo knap, dat iemand zoiets kan.

De doorgang in mijn eenrichtingsstraat wordt geblokkeerd door de bus, erachter is een begin van een file ontstaan.

Chris lijkt het niet te deren. Hij zit ontspannen achter het stuur, steekt zijn hand naar me op.

Ik haast me naar de bus, zet de tas op de grond om het portier open te maken.

'We gaan maar een weekendje, hé, geen maand.' Hij grinnikt.

Ik til de zware tas de cabine in en klim er zelf achteraan. Wat is dit ding hoog! Ik plof neer op het korte bankje (Chris heeft een eigen fauteuil) en trek het zware portier achter me dicht.

'Zin in?' zegt hij met een grijns.

'En of!' Mijn hart gaat tekeer, mijn stem trilt.

'Mooi zo.'

Achter ons wordt ongeduldig geclaxonneerd. Een scooter

rijdt rakelings langs de bus; de bestuurder is zichtbaar geïrriteerd.

'Je houdt het verkeer op,' zeg ik, en ik wijs zenuwachtig met mijn duim naar achteren.

'Ze wachten maar even.' Hij buigt zich naar me toe en zoent me. Zacht, warm, heerlijk. Hij pakt mijn kin vast en kust me nog eens. Chris ruikt naar Bleu de Chanel en naar zichzelf. Zijn diepliggende ogen glinsteren, zijn halflange haar zit vast op zijn achterhoofd in een rommelige knot; het contrast met de strak geschoren zijkanten van zijn hoofd is groot. Een man vol tegenstellingen, die zich ook manifesteren in zijn uiterlijk.

'Is dit een geintje?' vroeg Femke, toen ik haar screenshots van zijn Tinderprofiel liet zien. 'Hij lijkt op die acteur die Thor speelt, hoe heet-ie ook alweer, Chris Hemsworth. Is dit echt?'

Ik knikte.

'En hij gaat met jou op date?'

'Waarom niet?'

Er trok een schaduw over haar gezicht, zorgelijk, alsof mijn beledigde reactie haar verraste. Voorzichtig vroeg ze: 'Heeft hij een moedercomplex of zo?'

'Hij is vijfendertig, geen vijftien.'

'Rian, kom op, ik gun je de wereld, maar waar ben je mee bezig?'

Ik ben boos naar huis gegaan.

Daarna heeft ze alleen nog maar lieve dingen gezegd. De wetenswaardigheden over mijn dates met Chris heeft ze aangehoord zonder kritiek te leveren, totdat ik haar gisteren in Den Bosch vertelde dat ik met hem op pad ging. Toen bleek dat ze er nog net zo over dacht als in het begin.

Chris kijkt me ineens strak aan. 'Hé... waar is je bril?'

Ik breng mijn vingers naar mijn slaap, alsof ik mezelf ervan wil vergewissen dat ik inderdaad geen bril draag.

'Je droeg toch een bril?' dringt hij aan. *Waarom kijkt hij zo boos?*

'Ja, maar ik heb contactlenzen ingedaan, want –'

'Heb je hem bij je?'

Ik knik.

Hij buigt zich nog eens naar me toe, wrijft met zijn duim over mijn lippen. 'Zet hem eens op. Die bril is fucking sexy.'

'Vind je?'

'Hij staat je waanzinnig, Rianne.'

Er wringt zich iets warms en harigs tussen ons in. Ik deins geschrokken achteruit en kijk dan in een stel enorme donkerbruine ogen. Er zit een rond, goudgeel met wit behaard gezichtje omheen. 'Dit is Mogwai,' zegt Chris. 'Hondje van mijn moeder.'

Ik aai het diertje, dat keurig geknipt en verzorgd is. Een zacht, felroze tongetje floept naar buiten en likt mijn hand. 'Wat een schatje.'

'Je bent niet allergisch of zo?'

'Helemaal niet. Ik ben dol op honden.'

'Mooi zo, hij gaat gezellig met ons mee, mijn moeder kan er momenteel niet voor zorgen.' Chris draait de contactsleutel om en de motor komt brullend tot leven.

5

Meer dan driehonderd kilometer hebben we gereden als we in de buurt van de Belgisch-Franse grens komen. Chris heeft muziek aangezet die het lawaai van de bus overstemt. Oude rock wordt afgewisseld met Hollandse nummers en Franse chansons. Zijn muzieksmaak is al net zo divers als hijzelf. Soms zingt hij zachtjes mee, niet onverdienstelijk. Hij heeft zijn raampje half opengedraaid, de wind speelt met de blonde strengetjes die uit zijn knot zijn losgekomen.

Mijn contactlenzen heb ik tussen Breda en Antwerpen in hun doosje opgeborgen en mijn bril rust op mijn neus. Ik kriebel Mogwais zachte vachtje. Hij zit rechtop op mijn schoot geïnteresseerd om zich heen te kijken.

'Waarom gaan we van de weg af?' vraag ik.

Chris stuurt de bus tussen witte en rode blokken door; ze vormen een afgesloten baan van het asfalt van de snelweg naar een naastgelegen parking. Verderop zie ik donkerblauwe busjes en auto's.

'Douane,' zegt Chris.

'Die bestaan toch niet meer?'

'Hier wel,' bromt hij. 'Ze controleren graag wie er allemaal het land in komen.'

Hij zet de muziek een tikje harder, een Frans chanson. Met een brede glimlach stuurt hij de bus voorbij een vijftal geüniformeerde mannen, die ons zonder veel interesse bekijken. Dan draaien we de weg weer op en geeft hij gas.

'We gaan zo meteen even de benen strekken.' Hij stroopt zijn mouwen op, zodat zijn gedetailleerde tatoeages zichtbaar worden. Chinese tekens, een kompas, een doodshoofd.

'Jij bent de baas.'

Hij zet de muziek zachter. 'En of ik dat ben. Ha!'

Krap een halfuur later rijden we een armoedig ogend dorpje in. De huizen staan in lintbebouwing pal tegen het smalle trottoir. Elk huisje is van een ander soort baksteen gemetseld en sommige panden zijn dichtgetimmerd. Chris lijkt ineens op zijn qui-vive, anders, minder ontspannen dan zojuist.

Dan mindert hij vaart, draait van de weg en rijdt de bus

achter een kleine kerk langs naar een soort loods.

Verbaasd kijk ik om me heen.

'Laat jij Mogwai effe uit, dat beestje staat op springen.' Chris haalt de hondenlijn uit het zijvak van zijn portier, legt die in mijn handen en drukt een zoen op mijn lippen. 'Duurt niet lang, Rian. Vannacht slapen we aan het strand. Ik heb een fantastisch plekje voor ons geregeld.'

Hij loopt om de bus heen en helpt me galant met uitstappen. Het landschap glooit, de zon schijnt, zwaluwen schieten heen en weer boven het koren. Mogwai begint te snuffelen zodra hij vaste grond onder zijn pootjes voelt. Zijn krulstaart kwispelt als een zwabbertje heen en weer over zijn korte, brede rug.

'Wat moet je doen dan?'

Hij schudt kort zijn hoofd. 'Even iets afgeven.'

'Dat had je niet gezegd.'

Hij haalt zijn elastiek los, trekt zijn vingers door zijn haar en zet het opnieuw vast. 'Business, *babe*.'

'Business?'

Hij knipoogt. 'Chips en zo, auto-onderdelen. Vrij waardevol, ik verstuur ze liever niet per koerier.'

Chris wijst naar een paadje dat naar een klein bos leidt. 'Laat hem daar maar even uit. Hij is dol op boslucht. Hou hem wel aangelijnd, hè, anders verdwijnt-ie in een konijnenhol en dan kan ik fluiten naar mijn erfenis.'

Halverwege het pad draai ik me om. Chris heeft een rugzak uit het binnenste van de bus gehaald die zo te zien nog zwaarder is dan mijn provisorische weekendtas: hij loopt er flink mee te zeulen in de richting van de loods. Daar onttrekken hoge struiken hem aan het zicht.

Mogwai snuffelt aan elk steentje en aan elke grasspriet. Hij tilt om de haverklap zijn pootje omhoog, zet overal geurvlaggetjes uit. Het maakt de hond echt niet uit, denk ik, bos of veld of straat. Chris wil me er gewoon niet bij hebben. Dat is natuurlijk zijn goed recht, hij hoeft zijn Tinderdates niet mee te nemen naar zijn klanten. Maar dan nog.

Als ik bijna bij het bos ben zie ik een kerel achter de kerk vandaan komen. Zwart petje, slank gebouwd, baardje, getint. De man loopt naar de struiken waar Chris uit het zicht is verdwenen, en blijft daar staan.

Een paar minuten tikken voorbij zonder dat er iets gebeurt. Dan maakt de man zich plotseling uit de voeten en zie ik Chris ook weer tevoorschijn komen, alleen.

Hij draait zijn gezicht mijn kant op.

Ik zwaai naar hem.

'We gaan! brult hij over het veld.

6

Chris heeft niet overdreven. Hij heeft de camperbus geparkeerd op een prachtige plek in de schaduw van een groepje bomen. Er zijn geen andere campers, geen tentjes.

Een paadje meandert door laag struikgewas naar het breedste strand dat ik ooit heb gezien. Er lopen mensen met hun hond en hier en daar zitten verliefde stelletjes in het zand te picknicken. De zee is rustig, bijna vlak, wat bijdraagt aan de bijzondere sfeer.

Chris rolt een deken uit over het zand. We eten camembert met stokbrood en drinken er wijn bij uit kartonnen bekertjes. Althans: hij eet camembert met stokbrood, ik krijg nauwelijks een hap naar binnen.

'Morgen gaan we chic eten,' zegt hij, terwijl hij naar de zee staart. 'Je zult het geweldig vinden.'

Ik snijd een stukje kaas af en geef het aan Mogwai, die het heel voorzichtig van me aanneemt, maar het dan laat vallen om een meeuw op te jagen.

'Ik zou zo voor altijd kunnen leven.' Chris slaat een arm om me heen en trekt me tegen zich aan. 'Geen huis, geen gezeik, gewoon een beetje rondtrekken. Alles achter me laten. Denk jij daar ook weleens over na?'

'Iedereen wel, denk ik. Maar ik heb drie kinderen. Ik ben moeder, dan gelden er andere wetten.'

'Voor vaders ook. Ik heb die kleine jongen van mij om de week bij me thuis.'

Hij kijkt uit over zee, ik volg zijn blik. Je ziet nauwelijks de horizon, het is een beetje heiig. Ik zit in een film, schiet het door me heen. Een film met Chris Hemsworth in de rol van Thor. Maar dan een Thor met een Rolex om zijn pols. Het horloge schittert in het gefilterde zonlicht.

Thuis heeft hij er nog twee, vertelde hij me op de eerste date. Echte. Tenminste, ik mag aannemen dat ze in de PC Hooftstraat, waar hij zei ze gekocht te hebben, geen nepspul aanbieden. Ik wees naar mijn tasje op het fluwelen krukje en vertelde hem het verhaal.

Hij hoorde het hoofdschuddend aan. 'Voor een vrouw als jij zou ik de hele PC Hooft leegkopen. Je moet jezelf wat gunnen, zo nu en dan.' Daarna liet hij een dure fles wijn aanrukken.

De fles die hij hier aan zee heeft opengetrokken lijkt me ook al geen huismerk. Chris schenkt mijn beker vol alsof het limonade is.

In mijn zak zoemt mijn telefoon. Femke. Ik heb haar acht uur lang op negeren gezet, die uren zijn nu blijkbaar om.

Femke: Heb je z'n rijbewijs al kunnen checken?
Rianne: Nee, gek.
We zitten op een strand in Frankrijk.

'Wie is dat?' vraagt Chris.

Ik zet Femke weer op mute en stop mijn telefoon weg. 'Mijn vriendin.'

'Wil je me dat laten zien?'

Ik frons. 'Meen je dat?'

Hij knikt met dodelijke ernst. 'Absoluut. Geen geheimen voor elkaar. Daar is het met m'n ex op kapotgegaan.'

Ik weet even niet wat ik moet zeggen. Nee, natuurlijk wil ik niet dat hij leest wat Femke en ik met elkaar bespreken. Maar dit zit hem blijkbaar hoog. Ik moet mijn woorden zorgvuldig kiezen. 'Ik wil je best wat laten lezen, dat maakt me niet uit. Maar niet nu al. Wat ik met mijn beste vriendin bespreek, vind ik nu nog te privé om met jou te delen. Ik hoop dat je dat respecteert.'

Hij laat zijn blik even op me rusten alsof hij me probeert te peilen, diepliggende blauwe ogen, donkere wimpers, en kijkt dan weer van me weg. 'Dat snap ik,' zegt hij uiteindelijk. 'Maar ik heb daar wel moeite mee.'

Zijn telefoon gaat. Een instrumentale versie van 'Heb je even voor mij?'. Ik moet er ondanks de spanning van glimlachen.

Chris staat op en loopt van me weg. Wat hij zegt tegen de beller is niet te verstaan, ik geloof dat hij Frans spreekt.

Bij terugkomst is zijn gezicht gelukkig opgeklaard. 'Geen kaasliefhebber, zie ik. Waar heb je dan zin in?' Zijn ogen glijden eerst over mijn onaangeroerde eten en dan over mijn lichaam, alsof ik een buffet vol kleurrijke taartjes ben en hij moeite heeft met kiezen.

Laat ik eerlijk zijn: met Chris ga ik niet oud worden. Maar ik heb wat in te halen.

Dit zijn mijn wilde jaren. En wilder dan Chris zal ik het niet vinden.

'Ik heb zin in jou,' zeg ik.

7

Ik heb nog geen oog dichtgedaan. Klaarwakker lig ik naast Chris door het dakraampje te staren. In de buitenwereld wiegen donkere takken zachtjes heen en weer tegen de maanverlichte hemel. Hierbinnen is het schemerig: het enige licht komt van een zwak lampje bij de bank. Mijn lichaam gonst tevreden, ik voel me springlevend. De veroorzaker van dat gevoel ligt in diepe slaap op zijn rug, een arm gehoekt boven zijn hoofd tegen de wand, de andere onder me. Voorzichtig, om hem niet wakker te maken, ga ik verliggen. Nog voorzichtiger duw ik zijn arm, zwaar, met zachte blonde haartjes en strak gezette tatoeages, onder me vandaan. Hij mompelt iets, grijpt het dekbed en keert me zijn rug toe. Slaapt verder. Aan het voeteneind steekt Mogwai zijn kopje omhoog. Het hondje kijkt even naar me en rolt zich dan weer op.

Langzaam laat ik me uit het bed zakken. Het toilet is een minipotje in een minihokje dat nauwelijks plaats biedt voor mijn knieën, maar ik ben allang blij dat ik niet naar buiten hoef, de donkere nacht in. In de beslotenheid van de bus klinken de geluiden die ik maak alsof er iemand staat te douchen. Hoe gênant als Chris hier iets van zou horen. Ik merk nu dat er meer aan de hand is in mijn lichaam dan alleen maar euforie en tevredenheid. Het brandt een beetje daar beneden, en ik voel spierpijn in mijn bovenbenen opkomen. En in mijn kaken.

My god.

Ik zag ooit op tv een stel dat trots vertelde: 'Onze relatie is vooral fysiek', en ik weet nog hoe hard ik daarover oordeelde: wat stelt een relatie voor zonder een diepere, geestelijke connectie, zonder gezamenlijke waarden en doelen?

Achteraf zo aanmatigend. Ik oordeelde op basis van de enige relatie die ik kende. Ik had geen enkel vergelijkingsmateriaal.

Als ik het deurtje openduw valt mijn blik op een rugzak die onder het bankje ligt. Het is zo'n zelfde als Chris gistermiddag in Noord-Frankrijk bij zijn klant afleverde. Ik loer naar Chris, die nog steeds in een diepe slaap lijkt te zijn. Auto-onderdelen, zei hij.

Zachtjes sluit ik het wc-deurtje achter me en ik laat me op mijn hurken zakken bij het bankje. De rugzak is zwaar. Ik trek hem langzaam over de vloer naar me toe en adem met open mond om zo min mogelijk geluid te maken. Dan buig ik me over de tas heen en pak het lipje van de rits vast. Millimeter voor millimeter trek ik hem open. Ik voel mijn mond droog worden, mijn hart klopt hoger in mijn borstkas als ik zicht krijg op de inhoud. Wat het ook is, het is verpakt in blauw plastic met een heleboel tape eromheen. Ik trek de rits verder open en voel met mijn vingers langs het pakket, tussen de tas en het plastic, maar het is niet te zeggen wat hierin zit. Het kan van alles zijn.

Gezoem. Mijn telefoon licht op. Knippert.

Nog meer gezoem.

Paniekerig trek ik de rits dicht en geef de rugzak een zetje, zodat hij omvalt en weer onder de bank terechtkomt. Ik spring op.

Het licht gaat aan.

Ik kijk recht in Chris' ogen.

'Waar ben jij mee bezig?' Hij gaat rechtop zitten en wrijft een lok van zijn voorhoofd.

Wat heeft hij gezien?

'Ik moest naar de wc.' Mijn stem trilt. 'En ik zocht wat te drinken. Jezus, je liet me schrikken.'

'Ik liet jóú schrikken?'

Zoem!

Ik graai mijn telefoon van het tafeltje en kijk op het schermpje.

'Wie appt jou midden in de nacht?'

'Femke.'

'Vinden jullie dat normaal?'

'Ik eh... ik had haar op het strand op negeren gezet. Da's waarschijnlijk acht uur geleden,' zeg ik, half tegen hem, half tegen mezelf. Ik scan vlug de appjes, maar ik kan ze niet lezen zonder bril.

'Zeker weten dat het je vriendin is?'

'Huh?'

Zijn ogen vernauwen zich. 'Je moet eerlijk tegen me zijn, Rian.'

'Ik snap niet dat je daarover twijfelt. Zeker niet na... vannacht.'

Even is hij stil, alsof hij nadenkt, twijfelt of hij informatie met me wil delen. Dan zegt hij: 'Ik heb mijn redenen. Er zijn gasten die...' Hij zwijgt opnieuw, haalt zijn vingers door zijn haar en maakt er routineus een knot in, trekt een elastiek van zijn pols en zet het vast. Het dekbed zakt van zijn bovenlijf. 'Kutzooi.'

Ik laat mijn telefoon liggen, om aan te geven dat de berichtjes me niet boeien. 'Hé, sorry. Mijn vriendin... ze is gewoon overbezorgd.'

'Waarom?' Het klinkt al minder argwanend.

'Op vakantie met een *stranger*. Ze wil weten of ik oké ben. Daar heb je vriendinnen voor. Ik wilde je niet wakker maken.'

'Jij mag me altijd wakker maken,' zegt hij, en zijn gezichtsuitdrukking verandert. 'Altijd. Maar niet voor gezeik. Kom 's hier.' Dan pakt hij me bij mijn arm en trekt me bij zich op bed. Zijn hand glijdt tussen mijn benen.

8

'Wat is dit voor plaats?'

'Deauville.'

'Ja, dat las ik. Maar... jee. Wat voor mensen wónen hier?'

Chris loodst de camper door een mondain luxeoord. Het wemelt van de Porsches en exclusieve winkels. Hermès, Louis Vuitton, vrouwen in het wit met perfect gekapt haar en enorme zonnebrillen; ik weet niet waar ik kijken moet. Dit is niet bepaald het soort plaats dat je verwacht aan te doen als je een paar dagen op pad bent met een zelfbouwcamper. Chris' voorkeur voor overmaat verloochent zich in elk geval weer eens niet.

In de schaduw van de bomen op het plein voor een kerkje wordt een rommelmarkt gehouden. Keurige dames lopen langs de kraampjes, mannen in linnen overhemd en met strooien hoedjes staan in groepjes met elkaar te praten. Chris parkeert verderop en haalt de sleutel uit het contact. Hij kijkt me geamuseerd aan.

'Wat gaan we hier doen?'

Hij knipoogt. 'Dat zie je zo.'

Een kleine vijf minuten later wandelen we hand in hand door het levendige stadje. Ik heb mijn tas over mijn schouder en een blij kwispelende Mogwai aan de lijn. Die loopt constant met zijn neus aan de grond en trekt flink. Voor zo'n klein hondje is hij nog best sterk. Chris loopt erbij als een pakezel, met zijn weekendtas over zijn ene, mijn boodschappentas over de andere schouder, en de zware rugzak als een draagzak op zijn borst.

Ik weet niet waar ik kijken moet. De luxe in dit plaatsje is ongekend. Alles wat Job verafschuwde gebundeld in een paar straten.

We lopen langs een schattig vrijstaand huisje. Donkerhouten balken, lichtgekleurde leem ertussen, een leistenen puntdak, bloembakken. Veel witgeschilderd hout.

LOUIS VUITTON staat er boven de entree.

'Wauw,' zeg ik.

Chris kijkt me zijdelings aan. 'Hou je daarvan?'

'Wie niet? Als ik het geld had, zou ik het wel weten.'

'Och, tuurlijk,' zegt hij, en wijst met zijn kin naar mijn honderdvijftigeuro-tasje. 'Jij bent het tassenvrouwtje.'

Wat is dat nou weer voor opmerking?

We passeren een terras. Twee mooi verzorgde vrouwen die vooraan zitten, gekleed in jeans en witte blouse, bekijken Chris goedkeurend van top tot teen. Een derde, blond opgestoken haar, beige jurkje, glimlacht naar hem. Vrouwen jonger en knapper dan ik: ze willen mijn Chris, en ze voelen zich blijkbaar vrij genoeg om hem dat te laten zien. Misschien denken ze dat ik zijn oudere zus ben. Of een tante.

Ongemerkt zijn we op het terrein van een hotel beland. Het gebouw heeft puntdaken en houten balkons en de muren zijn van hetzelfde vakwerk als meer huizen hier, maar in tegenstelling tot de rest zijn de balken niet donkerbruin, maar grijsgroen geschilderd. LE NORMANDY staat er boven de getoogde entree. Door de houten draaideur lopen we naar binnen.

Ik kom ogen tekort. Het is hierbinnen zo groot en luxueus dat ik het gevoel heb dat ik verdrink. Houtwerk, glanzend natuursteen, dik tapijt op de vloeren, geborduurde gordijnen, behang met klassieke taferelen, vazen met bloemen. Dit soort settings ken ik alleen uit films. Geüniformeerd personeel knikt naar ons en heet ons welkom – tenminste, zo lijkt het, ik versta er geen woord van. Ik voel me *underdressed* met mijn gebloemde strokenjurkje.

Als Chris zijn paspoort over de balie schuift, gaat het te snel om zijn naam te kunnen lezen.

Iemand zet onze spullen op een karretje en rijdt ermee weg. Chris houdt de rugzak bij zich.

'Wat zit daarin?' vraag ik als we in de lift staan.

'Waarom wil je dat weten?'

'Zo'n zelfde rugzak heb je gisteren afgegeven.'

'Je houdt het allemaal goed bij,' zegt hij afgemeten.

Ik frons. 'Nou, ik –'

'Dan zal er wel hetzelfde in zitten, hè?'

9

Het tapijt in de gang op de verdieping is zo dik dat ik de wol voel veren onder mijn voeten. Een personeelslid komt aangesneld om de deur voor ons te openen. Hij geeft een korte rondleiding door de kamer. Alle muren zijn bedekt met een wit met blauw bedrukt behang dat zo uit het Paleis van Versailles zou kunnen komen, de vloerkleden hebben een zigzagpatroon en het grote raam, met balkon, heeft weids uitzicht op zee. Ik kijk naar mijn volgepropte boodschappentas, mijn smoezelige sneakers. *Ik hoor hier niet.* Maar als de man met een buiging de kamer verlaat, herinner ik me dat ik mezelf niet naar beneden mag praten. Dat is in de afgelopen jaren al genoeg gebeurd.

Chris betaalt, en voor hem is deze luxe normaal. *Probeer er in elk geval van te genieten.*

Ik glimlach naar mezelf in de spiegel die in de hal hangt. Dit ben ik zonder Job, los van de kinderen.

Zonder leiband.

Rianne unleashed!

'Ik moet even naar de wc.' Ik duik de badkamer in en draai zorgvuldig de deur achter me op slot.

De badkamer is al net zo indrukwekkend als de rest, maar ik sla er geen acht op. Het is me vandaag nog niet gelukt om op mijn telefoon te kijken. Chris is zo controlerend.

Ik zet mijn telefoon eerst op 'stil' en open dan WhatsApp. De berichtjes stromen achter elkaar binnen.

Sophie: mam weet jij wr me zwarte broek is?
Denkk bij jou laten ligge

Junior: hey mama kun je mbs sturen? k zit zonder ☹

Maar de meeste zijn van Femke.

Femke: BEN JE GEK GEWORDEN?!!! Met je strand!
Femke: Rian die kerel gebruikt een valse naam!! Je weet niet eens waar hij woont!! Wie is die gast???!
Femke: Jezus waar ben je mee bezig? Moet ik me zorgen maken? Je telefoon staat uit???
Femke: Waar ben je nou??? ik maak me verschrikkelijk ongerust ☹

De laatste app is van elf uur vanochtend:

Femke: Als ik voor vanmiddag niks van je hoor ga ik naar de politie!!!!!!

Snel formuleer ik een antwoord.

Rianne: Doe niet zo overdreven, Fem. Het is gezellig hier, we

'Rianne?' Chris probeert de badkamerdeur te openen. 'Alles goed daar?' Hij klinkt behoorlijk geagiteerd.

'Ja, ben bijna klaar!'

Rianne: ... we zijn in een prachtig hotel in Deauville, supersjiek

Femke reageert prompt:

Femke: Stuur een foto en je hoort me niet meer.

Ik maak vlug een selfie met de badkamer op de achtergrond, steek mijn duim omhoog. Net voordat ik hem wil versturen zie ik dat de blik in mijn ogen niet bepaald 'alles in orde' uitstraalt.

Ik maak er nog drie, de laatste is goed genoeg.

Rianne: Hier, muts. Ik moet r vandoor. Tot gauw X

Snel doe ik een plas, was mijn handen, zet de telefoon op vliegtuigstand en draai de deur van het slot.

Chris staat met zijn rug naar me toe naar buiten te kijken met zijn armen over elkaar. De sfeer is totaal veranderd; deze stilte lijkt misplaatst, zijn houding is gespannen. Met een ruk draait hij zich naar me om, hij houdt zijn hand op. 'Je telefoon.'

Ik klem nerveus mijn vingers om het toestel. 'Waarom?'

'Daar heb ik mijn redenen voor. Geef.' Hij straalt een en al wantrouwen en vijandigheid uit.

'Je maakt me bang.'

Zijn ogen vernauwen zich. 'Is daar een aanleiding voor,

om bang te zijn? Zeg het maar, Rianne.'

Mijn hart klopt hoog in mijn keel, mijn ademhaling is snel. 'Chris, je –'

Hij duikt naar voren en grijpt mijn pols stevig vast. 'Hier met dat ding!'

Van schrik laat ik mijn telefoon los; die valt op bed.

Chris duwt me erachteraan. 'Blijf daar!' Hij grist het toestel van de sprei en houdt het met gestrekte arm voor mijn gezicht. 'Code.'

Totaal overdonderd tik ik de code in en kijk ik toe hoe Chris, wijdbeens in het midden van de kamer, met strakke kaken, door de inhoud van mijn telefoon scrolt. Minuten tikken voorbij; minuten waarin ik nauwelijks durf te ademen. Dan zie ik geleidelijk zijn gezicht ontdooien, hij slaat zijn ogen neer. Geeft me mijn telefoon terug.

'Sorry.'

'S-sorry?'

Hij schudt zijn hoofd, kijkt me nog steeds niet aan. 'Ik... *Fuck.*' Hij zucht, blaast lucht uit, grijpt naar zijn slaap. Dan, langzaam, draait hij zijn gezicht naar me toe. 'Nogmaals, mijn excuses. Ik ben een beetje gestrest.'

Een beetje?

Ik zwaai mijn benen van het bed en loop naar mijn spullen.

'Niet weggaan,' klinkt het achter me.

Ik draai me om. 'Je maakt me bang, Chris. Wie ben je? Heet je wel Chris?'

Hij twijfelt, net lang genoeg om me terug te laten deinzen. 'Niet, dus.'

'Rian, wacht. Ik kan je niet alles vertellen, maar... Geloof me. Er is geen reden om bang te zijn.'

De tijd tikt door terwijl we geen van beiden iets zeggen.

Chris haalt hoorbaar adem, zijn borst gaat snel op en neer. Dan pakt hij mijn handen vast, gaat op zijn knieën voor me zitten en kust de pols die hij zojuist heeft samengeknepen. Er schieten stroomstootjes door mijn lijf. Zelfs nu hij me heeft afgesnauwd is het nauwelijks mogelijk om weerstand aan hem te bieden.

'Sorry, sorry, sorry. Duizendmaal sorry, lieve meid. Ik weet niet hoe ik...' Hij kijkt me aan vanonder zijn wimpers. 'Ik ga het helemaal goed met je maken. Ik ga het zó goed met je maken, echt.'

Ik neem zijn gezicht tussen mijn handen. Bevoel zijn kaaklijn, de ruwe stoppels, en druk dan mijn mond op zijn zachte lippen. 'Begin maar alvast,' zeg ik schor.

10

Ik heb gedoucht, me opgemaakt en omgekleed, en me laten meetronen naar buiten. 'Tijd voor oesters en champagne,' zei Chris. 'Genieten van het goede leven.'

De rugzak is mee. Chris draagt hem op zijn borst alsof het een draagzak is met een baby. Ik doe of het ding er niet is, kijk er niet naar, stel er geen vragen over. Mogwai drentelt kwispelend naast ons, hij vindt alles interessant en leuk.

'Mooi hier, hè?' vraagt Chris.

Ik knik.

De zon schijnt fel op de huizen en de kleurrijke bloembakken. Op de vlaggen, die hoog in de masten wapperen. En op de auto's, of beter gezegd: bolides.

'Mag je hier alleen auto's parkeren met een bepaalde minimale aanschafwaarde?'

Chris grinnikt. 'Er zit hier veel geld. Deauville is de badplaats voor de Parijse chic.'

'*It shows.*' Het is net de Efteling, of nee, eerder: Disneyland voor de rijken. Het heeft iets kunstmatigs, benauwends ook. Te perfect.

'Je verhaal raakte me,' zegt hij.

'Welk verhaal?'

'Kijk eens.' Hij wijst met zijn kin naar een beige stenen

trap die naar een overdekte entree leidt. Ik herken het huisje.

'Wat wil je hier gaan doen?'

Weer een glimlachje. 'Wat denk je?' Hij pakt me bij mijn hand en we lopen de trap op. De deur wordt opengedaan door een breedgeschouderde, donkere man. En dan staan we binnen.

Bedremmeld kijk ik om me heen. Langs de muren zijn mooi uitgelichte vitrines met tassen, portemonnees, sieraden, sjaals, parfumflesjes. *Mogen honden hier wel naar binnen?* Niemand zegt er iets van.

Een verkoper met een Aziatisch uiterlijk begroet ons. Chris doet het woord, de man luistert geïnteresseerd. Dan worden er tassen uit vitrines gehaald en verdwijnt een verkoopster naar een ruimte achter in de winkel, om terug te komen met nog meer tassen. Het zijn er vier, ze worden uitgestald op de toonbank.

'Vind je die mooi?' Chris wijst er een aan. 'Of die?'

'Meen je dit nou?'

'Minste wat ik terug kan doen.'

De verkoper haalt de beschermende verpakking van een draagriem en bevestigt hem aan een van de tassen, houdt me die voor. Ik doe hem om en kijk in de spiegel.

'Staat je goed.'

'Ik heb nog nooit zoiets duurs...' weet ik uit te brengen. Onwennig keur ik mijn spiegelbeeld, mijn vingertoppen strelen het stikwerk, de afgeronde hoeken. Duizenden euro's kost zo'n tas. Een maandsalaris.

'Maar vind je hem mooi?' vraagt Chris.

'Mooi? Hij is práchtig.'

Chris overlegt met de verkoper, die de tas van me overneemt. Ze praten Frans samen, gebaren erbij. De inhoud van mijn oude tas wordt in de nieuwe gedaan. Die hangt Chris met een geamuseerd glimlachje over mijn schouder. Mijn oude merktasje verdwijnt in een oranje doos. Er wordt geknikt en gebogen, gelachen, we krijgen water aangeboden. Dan zie ik dat de verkoopster een weekendtas vol beige logo's in een luxe stofzak verpakt. Het gaat allemaal zo gemoedelijk en geroutineerd dat ik vermoed dat Chris hier vaker komt, dat ze hem hier kennen.

Bij de kassa haalt hij een rolletje papier uit zijn binnenzak en trekt er het elastiekje af.

Opgekrulde briefjes van honderd en van vijftig. Hij telt ze af. De verkoper telt ze na. Een hele stapel. Het duizelt me. Ik durf nauwelijks om me heen te kijken.

Nog geen twee minuten later staan we buiten.

Gebeurde dit nu echt?

'Ze brengen de rest zo naar het hotel, dan hoeven we er niet mee te sjouwen,' zegt hij. 'Ik ben zo vrij geweest om die weekendtas erbij te nemen. Geen boodschappentassen meer voor jou.' Hij knipoogt.

'Ik kan je dit nooit terugbetalen.'

'Terugbetalen? Je hebt ze van me gekregen. Vet verdiend, had ik mijn grote bek maar moeten houden.' Hij trekt me tegen zich aan en kust me. 'Jij brengt me geluk, tassenvrouwtje.'

11

Chris en ik zitten tegenover elkaar op een terras, een manshoge glazen afscheiding aan onze linkerhand weert de zeewind. De tafels zijn gedekt met wit linnen en in een rvs-emmer vol ijsklontjes staat een geopende fles champagne met een gesteven wit servet om de hals. Ik heb mijn glas leeggedronken, terwijl Chris het zijne nauwelijks heeft aangeraakt. Hij doet zich ontspannen voor, maar ik voel dat er iets speelt. Hij kijkt geregeld op zijn horloge en wendt vaak zijn blik af. De rugzak houdt hij tussen zijn knieën.

Mogwai ligt soezend aan mijn voeten, een schaaltje Frans kraanwater naast hem.

Ik ben op het beestje gesteld geraakt. Wat een dapper klein ding is het, zo zonder zijn bazinnetje op reis. Hij trippelt vrolijk mee, geniet van alles. Job wilde geen hond, geheel in lijn met zijn doorgeslagen zuinigheid. Het paste niet bij zijn manier van leven en dus ook niet bij de mijne. Maar nu ik die kleine Mogwai heb meegemaakt, weet ik: ik zou graag een hondje willen.

Ik pak een grote garnaal van de ijsschilfers en probeer hem te pellen alsof ik het de normaalste zaak van de wereld vind. Een heleboel pootjes, voelsprieten, een hard, krom achterlijfje... ik wil niet als een provinciaal overkomen, maar hoe kan dit een delicatesse zijn? Mijn vingers glinsteren en plakken van de olie, of wat het ook is.

'Waar ken je Deauville eigenlijk van?' vraag ik aan Chris. 'Ik hoor alleen maar Fransen, het is niet echt een bekende plaats, toch?'

'Voor Nederlanders niet, nee. Een goede klant van me heeft hier een appartement. Hij komt uit zo'n chique Parijse familie, ze hebben nachtclubs en casi–' Chris stopt abrupt met praten. Hij kijkt op, focust op iets wat zich achter mij afspeelt. Ik kijk over mijn schouder.

Een jonge kerel komt op ons af. Smetteloos wit overhemd, donkerblauwe broek, loafers, broekriem met opzichtig Hermès-logo. Enthousiast begroet hij eerst Chris, en pakt dan mijn elleboog en drukt een luchtkus op de rug van mijn hand. '*Yves, enchanté madame.*'

'Rianne,' zegt Chris.

'*Ah, un beau nom pour une belle femme.*'

Een ober komt aangesneld met een stoel. Er wordt een glas bijgezet, water ingeschonken. In no time is de Fransman bij ons aan tafel geïnstalleerd alsof hij er de hele tijd al bij heeft gezeten.

Ik voel me alsmaar nerveuzer worden. De mishandelde, half gepelde garnaal bungelt tussen mijn vingers.

Yves proost met champagne, neemt een slokje en graait een oester van het ijs, die hij vanaf de schelp geroutineerd in zijn keel laat glijden. Hij wisselt een paar woorden met Chris, en overhandigt hem dan een zwarte rugzak, die Chris met een gespannen gezichtsuitdrukking van hem aanneemt, waarna hij hem onder de tafel de zijne toeschuift. De wisseling gebeurt razendsnel, bijna ongemerkt.

Op de boulevard achter Chris zie ik een man op het terras aflopen die me bekend voorkomt. Slank, getint, een zwart petje. Zijn ogen zijn verscholen achter een zonnebril. Mijn hart slaat over. Dit is die kerel die ik in Noord-Frankrijk zag rondsluipen toen Chris me letterlijk met Mogwai het bos in had gestuurd. De man legt een hand tegen zijn oor, verandert abrupt van richting en verdwijnt achter een kiosk.

Ik neem nog een slok van de champagne. Mijn handen trillen en mijn vingers laten vette vegen achter op het kristal. Ik veeg ze af aan het tafellinnen.

Yves staat abrupt op, schudt Chris grijnzend de hand en hangt Chris' rugzak over zijn schouder. Hij knikt me toe, al minder vriendelijk dan zojuist, en gaat ervandoor.

Er gebeurt ineens veel tegelijk.

Gasten gillen. Ik hoor glasgerinkel. Er valt iets om.

'Police, police!'

Ik trek Mogwai op schoot en houd hem tegen me aan, maak me zo klein mogelijk. Om me heen spatten champagneflessen uit elkaar op de vloer, tafels vallen om. Etagères met gecrusht ijs klappen tegen de glazen wand, oesters en schaaldieren vliegen alle kanten op.

Chris ligt nu op zijn buik op de grond, twee politiemensen houden hem in bedwang en proberen hem in de boeien te slaan. Achter me ondergaat Yves, luid vloekend, eenzelfde behandeling.

'Stand up!' schreeuwt iemand achter me, en dan, in het Nederlands: 'Mevrouw, opstaan!' Te midden van al het geweld en de herrie denk ik vooral aan Mogwai.

'Maar de hond,' roep ik, en dan steek ik mijn handen in de lucht.

'Laat haar met rust!' hoor ik Chris brullen. En hij roept er iets achteraan in het Frans, maar stoot dan een kreun uit als iemand een knie in zijn rug zet.

Een politievrouw pakt Mogwai van me af. Iemand anders grijpt mijn polsen beet en trekt mijn armen naar achteren.

'Nee!' gil ik. 'Wat willen jullie? Niet doen!'

Eén dag later

In de maanden na de scheiding stond mijn hoofd niet naar daten. Buiten dat het voor Job en mij nog niet meeviel om financieel en administratief los van elkaar te komen, was het voor iedereen emotioneel een loodzware, verdrietige tijd. Er waren toen al mannen die interesse toonden, die me wilden helpen met schilderen en verhuizen, maar ik hield ze af.

Ik wilde erachter komen wie ik was zonder Job, zonder dat frame waarin we elkaar decennialang gegijzeld hadden gehouden. Ik stelde mezelf de vraag: waar word *ik* blij van? Wat geeft *mij* energie? En daar ging ik steeds meer naar handelen.

Ik veranderde mijn kledingstijl, nam een ander kapsel. Er was niemand die er wat van zei als ik languit voor de tv een afhaalpizza at, of een hele nacht in bed doorhaalde met mijn goede vriend Netflix, een zak chips en een fles wijn. Ik voelde me jong, vrijer dan ooit, en ik kwam erachter dat ik eigenlijk helemaal geen duur, mooi huis nodig had om gelukkig te zijn. Dat hoorde bij de Rianne van toen. De Rianne van nu zocht beleving. Die vond dit ministudiootje met minibalkonnetje helemaal prima. Zo hield ze tijd en geld over om leuke, nieuwe dingen uit te proberen. Ik volgde zumbalessen, oriënteerde me op cursussen die in de stad werden gegeven, leerde nieuwe mensen kennen en ging af en toe naar een voorstelling van een cabaretier wiens naam me niets zei.

Ik las ook veel zelfhulpboeken en luisterde naar podcasts. In een van die podcasts, ik weet niet meer welke, zei iemand iets waar ik op aansloeg: 'Je leert jezelf het beste kennen via de ander.'

Diezelfde week maakte ik een Tinderprofiel aan. Bloednerveus was ik, en ik bleef maar twijfelen over de tekst en de foto's. Flirten, en al helemaal via geschreven berichtjes, zat bepaald niet in mijn systeem. En wat voor man zocht ik nou eigenlijk? Ik zocht iemand die me een spiegel wilde voorhouden, door wie ik mezelf beter kon leren kennen. Maar dat zette ik niet in mijn profiel. Het moest in elk geval een man zijn die totaal niet leek op Job, dus daar ging ik voor. Een avontuurlijke, vrolijke levensgenieter.

Chris was een van de eersten die reageerde.

Je bent precies mijn type.
Ticking all the boxes.

Dat ik bijna vijftig was en dus veertien jaar ouder dan hij, en dat ik drie kinderen had gebaard met zichtbare sporen op mijn buik, hij vond het allemaal prachtig.

Juist lekker.

Lekker? *Ik?*

We hadden twee geweldige dates, waarin hij me meenam naar dure restaurants en overspoelde met complimenten. Chris was geen relatiemateriaal, dat was overduidelijk, we verschilden als dag en nacht, maar door de glanzende spiegel die hij me voorhield leerde ik mezelf beter kennen.

En ik genoot met elke vezel in mijn lijf van de fysieke aantrekkingskracht.

Op date nummer drie peilde hij of ik zin had om mee te gaan in zijn zelfgebouwde camper naar Frankrijk. 'Even lekker eruit, kamperen in de natuur.' Ik vond hem daar geen type voor, met zijn sportauto en zijn Rolexen. Maar natuurlijk stemde ik in. Ik had ook ja gezegd als hij me had meegevraagd voor een survivaltocht in de Ardennen. Alles, werkelijk alles was geoorloofd om de nieuwe Rianne te leren kennen.

Een week voor vertrek werd er bij me aangebeld. Een man en een vrouw. Ze werkten voor Interpol en wilden met me praten. Er volgden meer gesprekken, waarin langzaam duidelijk werd met wie ik echt te maken had, en vooral: waarom 'Chris' voor oudere vrouwen koos. Hij werd verdacht van het exporteren van grote hoeveelheden MDMA-poeder. Omdat Chris nogal opviel met zijn man bun en tatoeages, en omdat hij te ijdel was om zijn uiterlijk aan te passen, gebruikte hij geschikte dates. Kortweg: hij maakte gebruik van een reisgenote die er zo burgerlijk uitzag dat die burgerlijkheid op hem afstraalde. Ik moest aanhoren dat ik niet de eerste bebrilde bijnavijftiger was die hij had uitgekozen om met een hondje op schoot naast hem de Franse grens over te rijden. Ook in het Franse binnenland legde niemand hem een strobreed in de weg, want het plaatje klopte: dit was een koppel op vakantie.

Ik voelde me intens verdrietig worden.

En kwaad.

'Maar als je weet dat hij drugs smokkelt, waarom pakken jullie hem dan niet gewoon op?' vroeg ik.

'We hebben een heterdaad nodig, een connectie met zijn afnemer uit Parijs.'

En daar kwam ik om de hoek kijken. Want Chris was op zijn hoede. Hij nam steeds een andere route en reed vaak door streken waar het moeilijk was om hem ongezien te volgen. Het gebruik van een tracker zou hij meteen doorhebben; voor vertrek controleerde hij de bus minutieus. Maar wat hij waarschijnlijk nooit zou kunnen bevroeden is dat de telefoon van zijn date als zender zou fungeren.

Ik stemde in, ik deed mee.

Voor de nieuwe Rianne, en voor mijn voorgangsters die Chris – hij heet trouwens Victor – voor de gek had gehouden.

Dus ik wist dat het mogelijk die middag zou gebeuren. Dat Chris en zijn afnemer zouden worden opgepakt, en dat de politie mij, voor de vorm en voor mijn veiligheid, ook als arrestant zou behandelen. Toch schrok ik van de snelheid en de agressie. Van het gezicht dat Chris trok.

Hij zal nooit te weten komen dat zijn netwerkje door mij werd ontmaskerd en opgerold.

'Jezus, Rianne, wat een verhaal,' zegt Femke door de telefoon. 'Ik heb verdorie doodsangsten uitgestaan toen ik niets meer van je hoorde. Maar dan had ik toch gelijk, dat hij niet deugde.'

'Hij leek zo leuk.' Ik kijk uit het raampje van de treincoupé, het Noord-Franse landschap schiet razendsnel voorbij.

'Onverantwoord, meid... Maar wat een geluk dat ze je hebben laten gaan. Voor hetzelfde geld hadden ze je helemaal niet geloofd, joh. Dan zat je nou in een Franse gevangenis. Je spreekt geen woord Frans!'

Ik vind het lastig om tegen Femke te liegen, maar het is het beste. In de versie die ik haar op de mouw heb gespeld heb ik mijn actieve rol weggelaten voor mijn eigen veiligheid. Femke weet niet beter dan dat ik op pad ben geweest met een crimineel die tijdens ons reisje is ingerekend.

'Nou ja, het is voorbij,' zeg ik. 'Vanavond ben ik weer thuis.'

'Ongelooflijk. Ik ben blij dat je er niets aan hebt overgehouden.'

'Nou, wel wat, hoor,' zeg ik. Mogwai ligt op mijn schoot, met zijn lieve snoetje en donkere ogen. Zijn baasje kon niet worden achterhaald. De recherche gaat ervan uit dat Victor het hondje via Marktplaats heeft gekocht, om het na de reis weer te dumpen. Dus neem ik hem mee naar huis.

Maar dat is niet het enige.

De boodschappentas en mijn oude tasje heb ik in het hotel achtergelaten – samen met de oude Rianne. Mijn nieuwe tas ligt naast me op de zitting, het goudkleurige slotje glinstert in de zon. Glimlachend streel ik het zachte leer. Aan mijn voeten staat een weekendtas met dezelfde logo's. Al mijn spullen passen er perfect in.

En dan nog even dit...

In onze onnozelheid en vanwege de matige voorbereiding hebben Berry en ik ons vast niet altijd gehouden aan alle geschreven en ongeschreven wetten die er gelden in het universum van het wildkamperen. Geheel tegen mijn hoge C-aard in, maar perfect passend bij de bonnefooistijl heb ik me onderweg zo veel mogelijk laten verrassen door wat er op ons pad kwam.

Over hoe het officieel hoort ben ik pas na thuiskomst (een beetje) gaan lezen. En zo kwam ik erachter dat er legio sites zijn waarop je (per land) de belangrijkste do's en don'ts kunt vinden.

Dat hoef ik hier niet allemaal te herhalen.

Toch zou ik graag vier algemene dingen meegeven voor diegenen die er nu ook halsoverkop vandoor willen in een geleende camper of een busje, of een stationcar met een matras achterin (dat laatste zijn we regelmatig tegengekomen).

1. Leave nothing but footprints

Iedereen snapt dat je geen blikjes, lege chipszakken en plastic verpakkingen in het rond strooit, maar denk ook aan wc-papier in de struiken en in de greppel (jaha, je dacht dat je de enige was die dit een rustig plekje leek ☺), aan hondenpoep en aan bananenschillen. Organisch afval kun je het beste begraven (neem een schepje mee). Zand erover.

2. Wat u niet wilt dat in uw buurt geschiedt, doe dat dan ook in de buurt van een ander niet.

Stel, je woont in een straat waar camperbusjes de hele tijd jouw uitzicht blokkeren. Of waar vakantiegangers hun was ophangen, de honden laten rondrennen en/of op hun campingstoeltjes (onder het genot van een wijntje) jouw tuin in zitten te koekeloeren... Ik zou het zelf niet chill vinden.

3. Sssst!

Midden in de nacht met je zware diesel een eindje verderop gaan staan, of even heen en weer steken, want onvoldoende waterpas... Nahh, doe maar niet. Ook niet doen: gezellig met z'n allen bij elkaar gaan staan (daarvoor zijn er campings), hard muziek draaien, luid praten/schreeuwen, ruziemaken, een vuurtje stoken en de hond laten blaffen. Zelfs niet in natuurgebieden: de dieren die er leven zullen je dankbaar zijn.

4. Dank aan het dorp: koop bij plaatselijke ondernemers.

Shout-out naar al die lieve, sociale Franse dorpsbesturen die moeite, tijd en geld hebben gestoken in het aanleggen van camperplaatsen in/bij hun dorp. Grátis. Kom daar nog maar eens om, tegenwoordig.

Soms is er ook voorzien in drinkwater en zijn er vuilnisbakken, picknickplaatsen en toiletten. Heel soms kun je zelfs je afvalwater kwijt... De boel wordt er ook bijgehouden; het gras gemaaid, de vuilnisbakken geleegd (met de Franse slag zo af en toe, maar hé, een gegeven paard...). Dit wordt allemaal betaald van belastinggeld.

Het minste dat we kunnen terugdoen is de plaatselijke ondernemers steunen. Koop een souvenir, haal brood bij de *boulangerie*, vlees bij de *boucherie*, eet bij een plaatselijk restaurantje. Daar wordt iedereen beter van, en bovendien: je maakt nog eens wat mee.

paris

Cola

PS

Toch nog even over die brug in Watten... Thuis bleef hij maar door mijn hoofd spoken, dus heb ik het uitgezocht.

Met dank aan het Office de Tourisme des Hauts de Flandre weten we vanaf nu: het is een waterbruggetje van gewapend beton uit 1905, dat werd gebruikt om drinkwater van de ene naar de andere kant van het kanaal te transporteren. De waterleiding liep van Houlle naar de (ingegraven) watertoren in Mont Watten.

Eerder verscheen van Esther Verhoef

Rendez-vous
Wonen op vakantie
Close-up
Alles te verliezen
Déjà vu
Is uw man al af?
Nouveau riche & andere spannende verhalen
Tegenlicht
De kraamhulp
Erken mij & andere wraakverhalen
Stil in mij – Overleven bij de nonnen (met Daniëlle Hermans)
Lieve mama
Nazomer
Façade
Labyrint – De verhalen
De nachtdienst

Onder de naam Escober verscheen

Onrust
Onder druk
Ongenade
Chaos
Overkill